우리 시대의 전설
시집살이

김 옥 선 이야기시집

해암

| 프롤로그 |

내 태어난 곳은 김해 생림면 무척산 자락의 산골입니다. 이웃 간 정이 뚝뚝 넘치는 그곳에서 육 남매 맏이로 태어나, 딸 귀한 집의 손녀 사랑이 유별난 조모님 덕분에 고생 모르고 자랐습니다.

아버지가 고르고 고른 사윗감은 김해 들판 농가의 일곱 남매 중 여섯째 아들. 시집을 가보니 양친 모시고 사는 가난한 강마을 낡은 집이었습니다. 낯설고 물설은 새색시 시절에는 철새 우는 소리가 밤바람 소리와 섞여 무섭기만 했습니다. 앞뒤 강에 날마다 동당동당 쇳소리가 나 무슨 굿을 하는 줄 알았는데 알고 보니 고기 잡는 부부의 고기몰이 소리였습니다.

평강천을 앞강이라 부르고 서낙동강을 뒷강이라 부르는 제도 땅에서는 나룻배를 타고 가락 장날이나 녹산 시메거리장에 가서 생활필수품을 사 왔습니다. 호랑이 같은 시어머님이 장보러 가시고 나면 잠깐이나마 해방된 기쁨이 컸는데, 야속하게도 시간은 화살처럼 지나갔습니다. 겨울에는 강에 얼음이 얼어 뱃사공이 얼음을 깨곤 했습니다. 풍문으로 얼음 위로 사람이 강을 건너다 빠져 죽었다는 소식이 들리기도 했습니다.

식수는 강물이 아무리 많아도 먹을 수가 없었고 땅밑

우물물은 짜고 색깔도 누렇고 하여 자갈돌에 걸러서 먹었지요. 그 물도 겨울이면 모자라서 밤늦도록 우물에 매달리곤 했고요. 흰옷은 몹시도 때가 빠지지 않아 속을 태웠는데, 비가 내리는 날이면 그릇을 있는 대로 처마 밑에 놓고 빗물을 받아 그동안 모아둔 빨래를 했습니다. 뽀얗게 빛나던 흰옷처럼 내 마음도 함께 맑아졌답니다.

철부지였던 시절, 시퍼런 강물 넘실거리는 강마을 농부의 아낙이 된 이후, 연로하신 시부모님 모시고 자식 키우며 가난을 벗어나려고 땅만 보고 사는 게 전부였던 삶. 생활에 지쳐 작은 쉼터가 간절할 때, 서예라는 설레는 세계를 만나 글씨도 쓰고 그림도 그리다가 또 인연이 되어 문학 공부도 하게 되었습니다. 그러던 중 남편을 갑자기 여의게 되어 공책에다 살아온 아픔을 눈물로 적셔 첫 번째 문집을 출판한 지도 어언 10년을 바라보게 되었습니다.

이제 시부모님도 친정 부모님도, 한평생 내 편의 기둥이었던 남편도 모두 떠나셨습니다. 홀로 남은 엄마를 많이도 걱정하고 염려하는 아들, 딸, 사위, 며느리가 고맙고, 손주들 건강하게 잘 자라주어서 대견하네요.

이제는 나도 어느덧 가슴속에 묻어두었던 마음들, 생각나는 사연들이 많은 세월입니다. 문학반에서 공부를 하면서 시집살이 사연을 시로 펴내 보라는 선생님의 권유에 숨겨둔 옛 사연들을 몇 개 꺼내었는데, 생각지도 않은 기쁜 일이 찾아왔습니다. 부산문화재단의 우수작품 출판 지원금까지 받아서 이 사연을 시집으로 펴내는 영광을 얻게 되었네요.

바람 많아 강물 출렁이는 강마을에 시집와서 둥지를 만들면서 바쁘게 살아가는 아녀자의 삶이었습니다. 인생의 참이 무엇인지도 모르고 살았는데 가을 수확보다 큰 결실. 내 인생 2막에서 책을 출판한다, 결실의 수확이다고 들썩거리면서 이웃 지인들에게 시집이랍시고 내보이는 일이 부끄러우면서도 행복할 것 같습니다. 거센 바람 밀려오는 파도 같은 나의 예쁜 가을날에 전설이 되어버린 옛 이야기들을 추억하는 오늘, 보석처럼 반짝이며 소중했던 그 시절을 다시 맞이하는 무지갯빛 현실에 오히려 가슴 훈훈합니다.

사랑하는 자식들의 응원 속에 두 번째 책을 내면서, 산파역으로 애써주신 서태수 선생님께 고맙다는 말씀을 올립니다.

2021. 겨울

昔田 김 옥 선

| 차례 |

1_ 여자 팔자 뒤웅박 팔자

2_ 친정엄마는 상머슴

3_ 깔롱쟁이 친정아버지

4_ 남편은 어정뜨기 농사꾼

| 차례 |

5_ 며느리 시대

제1부
여자 팔자 뒤웅박 팔자

김옥선 이야기시집

여자 팔자 뒤웅박 팔자

형님 형님 사촌형님 시집살이 어떱데까
이애 이애 말도 마라 시집살이 개집살이*

엄마는 이런 노래로 하소연도 할 수 없는 신세였다. 부잣집 맏딸로 태어났지만 까막눈이던 우리 엄마. 천하에 별난 시어머니 우리 할매였다. 맏손녀로 태어나 할매의 젖가슴과 할매 밥상의 쌀밥과 고기반찬을 독차지한 내 어린 눈에도 엄마는 우리집의 상머슴이었다.

농촌 부자 일 부자. 시골 유지로 출입이 잦은 아버지는 농사일은 어정뜨기였다. 산골 대농가 며느리인 엄마를 보면서 나는 농촌으로는 시집 안 갈 거라고 굳게 마음먹었다. 아버지 출입 수발에 머슴들과 들판을 헤매다가 집에 와서 밥 짓고 설거지하고 빨래하면서, 청개구리 6남매 억척스럽게 건사하는 우리 엄마처럼 살지 않으리라 다짐했지만….

누가 알았으랴, 막내며느리가 다 찌그러진 초가집에서 시부모님 병수발로 세월 삭힐 줄은.

여자 팔자 뒤웅박 팔자.

*「시집살이 노래」 인용

내 이름은 판돌이

잃어버린 딸이 많은 집안. 죽음 걱정부터 안고 태어난 오월 초이틀 새벽 두시. 우리 할머니 산속으로 뛰어가 커다란 바위에 손녀딸 받아서 명줄 길게 해달라고 빌고 또 빌었단다.

내 이름은 어릴 때 판돌이였다. 산속 바위에 팔고 동네 술장사 아지매한테도 팔았단다. 나이도 생일도 좋은 날로 잡고 홍역이라도 돌 때면 우리 집 대문에 금줄 치고 토속 민화에 나오는 양밥도 하고.

명줄 이어온 온갖 사연 많아 아직까지 살고 있다.

중매쟁이

아버지도 여자 시집살이 보는 눈은 있었나 보다. 아버지 재종 동생 용산 아제가 아버지 조건에 맞는 중매를 했다.

첫째로 성씨는 양반이고, 둘째로 맏이 아닌 7남매 중 여섯째인데 늦둥이 시누이 하나 있고. 셋째로 양친이 계시고 윗대 형제 다복하고 시아버님도 여섯 형제의 둘째라 종갓집도 아니고. 넷째로 총각 키는 좀 작아도 부지런하고 야무져서 자기 식솔 고생은 안 시키겠고.

마지막으로 재산은 그럭저럭 먹을 만한데 김해평야라 일머리는 이곳 산골짝보다 수월하단다.

얼굴도 바로 못 본 맞선 열흘만에 사성四星이 왔다. 딸한테 물어보지도 않고. 키도 작고 농사짓는 집에는 안 간다고 버티니 사성이 왔는데 집안 망신시킬 거냐고 대로하신다. 중매쟁이도 거들었다. 지금은 부모와 같이 살지만 결혼하면 가까운 부산 시내로 단둘이 신접살림 난다고.

강마을 시댁

사성 받은 파혼은 가문의 허물이라. 호랑이 같은 가장의 엄명에 엄마는 찍 소리도 못하고 내 사랑 할매도 자나 깨나 아버지 편이었다.

산골의 양반 마을에서 갈대숲 강마을로 시집 왔다.

시발택시 몇 대에 상객, 웃각시, 신랑 대방 따라 들바람 쌩쌩 불고. 허물어져 가는 초가집. 따라왔던 사촌 오빠는 한없이 울고 돌아섰단다.

이튿날 정신 차려보니 허허벌판 다 찌그러진 집에 여고 1년생 시누이와 늙으신 시부모님 잔잔한 병수발이 기다렸다는 듯 긴 강폭으로 펼쳐져 있었다.

며느리밥풀꽃

시집온 지 사나흘, 들판에 나가 늦가을 김장 배추 작업하라신다.

긴 한복치마 질끈 동여매고 엎어지고 자빠지며 배추를 자르고 다듬고 밭 가장자리로 모았다. 배추를 실어갈 화물차 기다리는 사이 저녁 준비하러 들어오니 당신이 하신다며 들에 다시 보낸다. 남은 배추까지 다 뽑아내 쟁여놓고 깜깜한 밤중에 들어와 보니 내 밥그릇이 안 보인다. 솥 안에는 농사꾼 어정뜨기 신랑 밥 한 그릇뿐. 혹시 아랫목에 있나 이불 밑을 발로 찾아봐도 없다.

"어무이예, 제 밥은 예?"

하고 물어보니 강바람 쌔하게 몰아친다.

"거기, 살강에 안 있나!"

찌그러진 대나무 선반 위의 노란 양푼에 담긴 식은 보리밥.

친정 할머니 어리광으로 자라 굶어 죽어도 못 먹던 보리밥. 할매 쌀밥그릇만 쳐다보며 자란 철부지 손녀. 당장 친정으로 달려가서 우리 할매한테 일러바쳐야지, 다 식어 빠진 며느리밥풀꽃 보리밥.

보리밥 못 먹어 친정 할매 밥그릇만 쳐다보던 철부지는 이제 배가 고파서 식은 꽁보리밥도 눈물에 말아먹는 단련이 시작되었다.

시누이 등교 시간

새벽녘에 깜빡 잠이 들었다.

시어머님 호통 소리에 떼구르르 굴러서 일어난다.

시누이 학교 갈 노선버스 올 시간. 큰일 났다.

조선솥에 해야 하는 밥. 이미 늦었다.

아침밥 굶겨서 학교 보내놓고 종일 며느리 닦달하신다. 금방 시집온 며느리가 실수해도 당신이 막내딸 아침 한 번 마련해 주셔도 좋을 것을.

시계도 없던 시절, 그때부터 꼭두새벽에 일어나 잠도 잘 수 없는 시집살이.

친척 인사법

시집오고 달포나 지났을까 집에 손님이 오셨다.

누군지 가물가물해 그냥 "오셨습니까"하고 섰는데 우리 시어머님 불벼락이 떨어졌다. 무슨 인사를 그따위로 하냐고. 영문을 몰라 놀란 가슴으로 가만히 섰으니

"시외삼촌이신데 '외삼촌 오셨습니까.' 해야지."

결혼식 때 바로 쳐다도 못 본 어른 어떻게 일일이 구분하랴. 맏딸인 우리 시어머니께선 딸 여섯에 외동이신 남동생을 인사치레부터 소홀했다 생각하신 것 같다.

시외삼촌 떠나실 때까지 부엌 들락거리시며 자기 동생 밥상에 닦달하신다.

시어머니 오일장

녹산 시메거리 오일장에 시어머니 장보러 가신다.

해창 나루터까지 리어카로 장거리 실어다 드리고 집에 오면 해방된 민족.

그 많던 일거리가 하나도 없는 것 같아 그리 좋을 수가 없다. 낮잠도 잠깐 자고 싶다.

점심때가 지나고 해질녘이 되어가면 시어머니 오실 시간이 왜 그리 빨리 돌아갈까. 장 마중 나서는 발걸음은 도살장 가는 소걸음.

하지만 나룻배 내리는 어른이 보이면 그때부터 빨라지는 발걸음에 정신이 번쩍 든다.

또 무슨 트집이 잡힐지 겁부터 잔뜩 먹는다.

숨겨 버린 전보

첫아이 가져 반쯤 배불렀을까.

우리 할머니 위독 전보를 보낸 모양이다. 오지 않는 손녀를 기다려 두 번 연거푸 보내는데 시어머니께서 숨겨 두고 말하지도 않으셨다. 귀한 손녀딸 생전에 보고 가신다 기다렸는데.

야속하고 원망스런 시어머님. 돌아가셨다는 전보 받고 상문 가신 시아버님 시삼촌께서 상가 분위기 파악하셨는 모양이다. 시어머님 야단치셨다는 뒷소문.

시집올 때까지 할머니 젖 만지며 잠들던 손녀딸을 기다리셨을 할머니. 생각만 해도 가슴에 뜨거운 바람이 분다.

시어머님 병들다

연년생으로 작은 아이 첫돌이 지날 즈음 시어머님 속병이 나셨단다.

속이 아프고 소화도 안 되고 메스껍고 설사도 자주 하신다. 소화제로 식소다도 드시고 보리단술 등 민간요법. 천 가지 병에 만 가지 약이었다.

오시는 손님마다 입으로 약을 가져오셔서 입맛에 맞는 죽 끓이고, 끼니때마다 나무 주걱이 닳아지도록 누룽지 숭늉 만들고. 먹고 싶다는 해산물에 귀한 소고기까지 어려운 살림살이가 휘청거린다.

돈 든다고 안 가시려는 어른 모시고 병원 검사를 하니 위암 말기였다. 논 서너 마지기 값이 검사비로 나갈 때였다.

시어머님 병수발

설사 병세가 점점 심해지신다. 처음에는 변소에 가시다 마당에서 실례를 하시더니 언젠가부터는 문 앞에서 요강에 받아내기 시작했다. 그것도 잠시. 급기야 온 방바닥이 설사똥이다.

고무장갑도 없던 시절. 맨손으로 퍼담다 걸레질하고 청소하고 몸을 씻기고 기저귀 갈아채웠다.

생전 듣도 생각지도 못한 생활이 이어졌다. 농삿일에 아이들 키우고 집안일 하면서 귀천 없는 생활로 불면증까지 겹쳤다.

아버지 닮아 160센티 넘는 훤칠한 키에 몸무게는 42킬로그램. 나는 어느덧 겨울 강변의 마른 갈대처럼 흉측한 몰골이 되어 있었다.

얼음장 빨래

시어머니 병수발로 해가 지나면서 둥근 요강에 받던 것이 다시 기저귀로 바뀌었다. 밤이 새면 광목 기저귀 빨랫감이 한 소쿠리다. 똥기저귀 빨래에 동네 사람들 미안해서 모두 다녀가고 없는 빈 빨래터가 되었는지 시간마다 망을 본다.

꽁꽁 언 강물 퍼내어 맨손 빨래 끝나면 줄에 넌 기저귀 강바람에 꽁꽁 얼어붙는다. 매일 하는 빨래도 이틀 사흘 말려야 다림질이 되는 세월 속에 나도 기력이 약해지고 병이 생긴다. 시어머니 대소변과 목욕 수발에 식욕도 잃고, 밤낮 노동에 불면증까지 덮쳤다.

시어머니도 쇠약해져서 떠먹이는 죽도 잘 못 드신다. 그래도 정신은 갈댓잎만큼이나 날카롭고 청청해서 낼모레가 설인데 걱정하시고, 온갖 꾸지람에 며느리 호통소리에 강가 마른 갈대가 춤을 춘다.

시어머님 돌아가시다

우리 강마을 식수는 강변 우물물을 퍼서 모래와 숯을 섞은 정수장치로 물을 걸러 모았다. 우물은 항상 모자라서 이웃간에 서로 양보하며 퍼갔다. 나는 불면증 덕분에 남들 자는 밤중에 혼자 우물물을 퍼올릴 수 있었다. 그 물로 시어머님 음식과 밤참도 마련할 수 있었다.

어쩌다 오시는 손윗형님들은 하루 밤샘도 못하고 코를 틀어막는다.

몸이 편찮으셔도 며느리 혼쭐내는 성품은 그대로였다. 성품 깐깐한 어머님께서도 이런저런 짜증으로 얼마나 힘드셨을까만….

반년쯤 고생하셨다. 엄동설한의 섣달. 첫눈이 하얗게 내린 날, 시어머님께서는 무지개다리를 건너셨다.

야속하게도 며느리에게는 아무런 말씀도 남기지 않으셨다.

철부지 며느리

일가친척은 많아 문병객 수발 밥상 차리기가 더욱 늘어간다. 오시는 분마다 웬 입 보약은 그리도 많던지. 지시에 따라 하루에도 몇 가지 종류의 죽을 끓이고 큰 솥에 밥 눌려서 나무주걱이 다 닳도록 숭늉을 만들어도 무슨 트집과 호통이 그리도 많으셨는지. 단 한 번도 고맙다고, 고생했다고 한 말씀 없으시더니.

당신 몸이 편찮아서 스스로 뱉은 짜증이었을까. 하루에 몇 번 하듯 그대로 강물 이고 와 따듯이 데워 목욕시켜드리고 새 기저귀 갈아 끼운 후에 깊은 눈을 감으셨다. 편찮으신 시아버님 홀로 남으셔도 무서운 시어머니보다 어진 시아버님 모시는 게 다행이라고. 나는 엉뚱한 철부지 며느리가 되어 있었다.

빈소에서

아랫방에 위패를 모시고 빈소가 차려졌다.

아침저녁 산 사람 밥상 차리듯 초하루, 보름, 삭망에 약식 제사상을 차렸다. 아들 며느리 상복 입고 곡소리 내면 눈물도 안 나는 헛울음을 일 년 상을 내었다.

지병을 앓으면서 살아 계시는 아버님은 우리 집에서 모시고 있지만 어머님은 큰집에서 제사를 지내기로 했다. 영문을 모르겠다. 돌아가신 시부모님은 두 집 살림이다.

시어른 모시기

때마다 어른 밥상 차리는 게 걱정이다.

사 오는 건 딱딱한데 반찬은 입맛에 맞는 걸 해드려야 한다. 시장에서 갈치 몇 마리 사 오면 한두 토막 구워서 할아버지 상에 올리면 철없는 우리 아이들 눈독을 들인다. 아이들 젓가락이 갈치 토막에 가면 내가 어른 반찬 손 된다고 손을 딱! 친다.

바쁜 며느리가 나가고 나면 할아버지는 잘 닦지도 않는 치아로 뼈를 발라 손주들 밥숟갈에 얹어주셨단다.

할아버지 간식에 손대지 말라고 아이들에 단단히 일러 놓고 들일 갔다 돌아오면 손주들과 소꿉놀이도 하며 잘 노시고 아이들은 할배 간식 먹는 재미가 있었다.

한 끼라도 더 해드리려고 어른 상만 차린 나를 두고 훗날 우리 아이들은 엄마 그때 할아버지 발라주던 갈치 지금 젊은 엄마들 생각하면 기절초풍할 거라고. 그래도 맛있었다고. 건강하게 잘 컸다고 추억담이 많다.

시아버님 병수발

시아버님 병수발도 시작되었다.

그래도 무서운 어머님보다 어지신 아버님이라서 다행이다 싶다.

식사 잘하시고 변소까지 가신다. 도중에 실례를 하시고는 방으로 들어오시면서 너무 미안하신지

“에헤이, 실패했네.” 하신다.

속옷은 자주 버리지만 경로당에도 가시고 친구분들과 녹산 시메거리 장에 놀러도 다니신다.

시아버님의 가물치 낚시

살얼음 지피는 이른봄 새벽, 앞강에 가물치 낚시하러 가신단다. 꽃샘바람 부는 날 잘 잡힌단다. 이웃집 작은 쪽배로 갈대숲으로 가시려다 미끄러지면서 다리를 다치셨다. 급한 연락에 리어카에 싣고 집으로 와서 보니 무릎이 퉁퉁 부어 있다. 아파 못 견디시면서도 조금 삐었을 뿐이라고 밀가루에 치자 가루 반죽 붙이고 탁주에 하늘수박 담가 드렸다. 이 약 저 약 효과가 없어 병원을 찾았다. 무릎뼈가 몇 조각 났지만 팔순 연세라 수술이 어렵다고 한다.

다리가 그러시니 바지는 입지 못하고 대소변 보기가 힘들어 이불을 감고 계신다. 남편이 없을 때는 병원의 납작변기로 아이들과 밀고 들고 대변을 받았다. 소변은 남자의 특권으로 혼자서 깡통으로 해결하신다. 다행히 시어머니와 달리 속은 좋으셔서 입맛도 변함없고 일어서서 걷지는 못해도 아프지는 않으신 것 같다.

왜 추운 날에 뜬금없이 가물치 낚시였을까. 논둑을 걷다 곰곰 생각해 보니 자상하신 시아버님께서 몸 허약한 며느리 몸보신용 가물치를 낚으러 가신 것 같다.

시아버님 목욕

목욕은 홀랑 벗어야 한다. 시골집 목욕은 겨울에는 방에서, 여름에는 대청마루에서 홀랑 벗기고 누인다. 처음 한동안은 시아버님 옷 벗기는 것도 씨름을 몇 번이나 했다. 벗겨놓고 씻겨드리면 아랫도리 두 손으로 가리고 아이처럼 씻지 않으려고 떼를 쓰셨다. 정신은 강물같이 맑았으니 오죽이나 민망했으랴.

며느리의 속마음도 편하랴마는 피차간의 부끄럼도 한두 번이지. 스님 머리 이발도, 치과 손질도 내가 아니면 누가 달려들랴. 여름이면 살이 물러질까 봐 무른 살 속속들이 아기분도 발라 드리면서 며느리도 시아버지도 무덤덤한 일상이 되어가고 있었다. 세월이 약이라더니, 시아버님께서는 어느덧 어른아이가 되어 계셨다.

친정아버지 뒷모습

사돈 병문안 오신 우리 아버지. 할머니 밑에서 농사짓느라 고생하신 어머니를 보면서 깨달은 바 있으셨던지, 딸을 위해서 딸 수월하게 살라고 고르고 고른 혼사였다. 당신 고집으로 시집보낸 딸 집을 처음 오셨다. 입맛 까다로운 분 해 드릴 게 없어 라면을 끓여드렸더니 맛있게 잡수신다. 해거름, 떠나시기 직전 나를 조용히 불러 앉히셨다.

"너가 비록 막내며느리이긴 하지만 부모는 맏이든 막내든 낳고 키울 때 똑같이 힘들었다. 일단 너가 모시는 네 집에서 병이 났으니 사부인에게 수발했듯이 끝까지 잘 모셔야 된다. 만약 이후 병든 어른 모시면서 안 좋은 소리 들리면 너가 아주 불측해서 그런 줄 알고 다시는 너를 안 볼 테니 힘들어도 끝까지 잘 모시거라."

훤칠한 키에 날씬한 우리 아버지 가시던 뒷모습. 잰걸음으로 정류장을 향해 발걸음 옮기시던 아버지는 당신 닮아 훤칠한 키에 몸무게 42킬로의 마른 장작개비 같던 장녀 모습을 끝내 뒤돌아보지 않으셨다.

소문은 훗날 친척에게 들었다. 사돈집 다녀오시자마자 사랑방에 들앉아서 가슴을 치며 눈물을 흘리셨다고 한다. 꼬박 사흘 동안 문밖 출입을 하지 않으셨다고 한다.

아버지. 제 팔자소관인 것을요. 아버지 원망 않고 잘 살겠습니다.

이왕지사 젖은 몸

날씨가 더워지는 여름이다. 자리 보존하고 계셔도 땀은 흘러 이틀에 한 번은 목욕을 해야 한다. 이제는 안 해드리면 내가 더 찝찝해서 못 견딘다. 마루청에 발가벗겨 누이고 고추만 수건으로 가려놓고 머리부터 내려가 발바닥까지 씻고 마지막에 사타구니 수건을 벗긴다.

때마침 우르르 병문안 오신 일가친척들. 큰아버지, 사촌 시누이 내외는 얼른 눈을 돌린다. "언니야, 오빠보고 좀 하라고 하지!" "느거 오빠 못한다. 거들지도 못하고 어쩔 줄도 모른다 아이가." 아버님이 오히려 민망하신지 대강대강 씻으라고 말씀하신다. "이미 불려진 때를 우잘낀데에. 다 씻어야 됩니더." 장난기가 발동한 며느리는 시아버지를 옆으로 누이고 궁둥이 토닥토닥 두드리며 속옷을 입혀 드리며 한 마디 보탠다. "아버님 몸집이 작아서 그나마 수월하다."

"언니야, 올케형님들은 안 거드나. 아이고, 우리 큰아버지를 우짜노."

"우짜긴 우째. 이왕지사 젖은 몸. 늘 하는 사람이 해야지. 매일 하다 보면 익숙해진다."

이웃 아지매

하루에도 시도 때도 없이 볼일 보시는 어른. 논에 농약 치고 바쁘게 들어오니 아랫채 사는 여수댁 아지매가 흥분한 얼굴로 마당에 얼쩡거린다. 아무도 없는 시간 큰일 크게 보시고는 며늘아기 부르는 소리에 달려가서 치워 드렸단다. 오늘 할배 고추도 만져봤다며 호들갑을 떤다.

너무나 고맙다. 없는 집에는 아이들이 많아 언제나 부족한 살림. 이날은 저녁밥 넉넉히 지어 커다란 양푼에 수북이 담아 여수댁 큰 노고에 작은 보답을 했다.

똥기저귀 빨래

밤이 지나면 기저귀 빨래가 한 다라이다.

투병하는 해가 지나고 지나면서 변기에 받던 것이 기저귀로 바뀌었다.

수도가 없는 마을이라 강의 빨래터에 가서 해야 된다.

똥기저귀 빨래는 사람들과 함께 할 수가 없다. 동네 사람들 민망해서 모두 다녀가고 없는 빈 강터가 되었는지 시간마다 빨래터에 망을 본다. 빈 빨래터가 확인되면 부리나케 달려간다. 남이 올세라 차가운 강물에 얼른 초벌 빨래부터 휘휘 휘젓는다.

줄에 걸린 기저귀는 엄동의 강바람에 꽁꽁 얼어 이틀 사흘 말려야 하는 세월. 기저귀가 모자라면 방구들 아랫목에 펼쳐 급한 대로 말려서 사용해야 했다.

시아버님 운명하시다

날이 갈수록 없던 병도 생기고 기력도 약해져 떠먹이는 죽도 잘 못 드신다. 내일모레가 설인데 그래도 아직 정신은 초롱하셨다.

천생연분의 인연이셨나. 어머님이 가실 때와 같이 하얀 싸락눈이 내리는 새벽에 아버님께선 눈을 감으셨다.

하룻밤을 더 새우고 그믐날에 출상을 하였다. 미리 봐 온 설맞이 장으로 아버님 상을 치르리라 생각도 못 했는데. 정월 초이틀 삼우제 지내고 빈소를 차렸다.

아버님 누웠던 빈자리에 눈이 가고, 숨소리 같은 소리에 착각을 한다.

잘 해 드린 건 하나 없고 잘 드실 때 맛있는 것 못해 드리고. 짜증 내고 원망한 못된 마음 후회해도 소용없는 일들.

아버님 죄송합니다. 그리고 고맙습니다.

새 집을 지으면서

태풍에 낡은 집이 무너졌다.

정부의 재해 지원도 없었다. 집 지을 형편도 안 되었다. 친정아버지께서 국유지 집터 불하받아 건축 허가를 내주시고 기초 준비를 해 주셨다. 우여곡절 끝에 제도길에 첫 이층집을 지었다.

시아버님 생각이 간절했다. 아픈 정으로 한나절 같은 10년 세월. 넓은 거실 아버님 방도 드릴 수 있는데. 한 이년만 더 계셨어도 하는 아쉬움이 쌓인다.

우리 시대의 전설
시집살이

제2부
친정엄마는 상머슴

친정엄마는 상머슴

일 잘하는 며느리 보면 '빈 집에 소 들어왔다.' 고 했는데 우리 엄마를 두고 하는 말이다.

무명베 한 필, 삼베 한 필 팔아 살림 보태고 남의 집 배 매어주고 삯 받아 모으고 모아서 논 사고 밭 사고 빌린 빚도 갚아가고.

쬐금씩 늘어가는 살림살이 재미로 고달픔도 모르셨을까. 빠듯한 살림 늘어가는 기쁨 시집살이로 재미로 살으셨단다.

어중갭이 울 아버지 팔고 사고하는 재주도 보태시고, 우리 육 남매 배고픔도 모르고 돈 아쉬운 줄도 철없이 다 컸다.

할머니 돈주머니에서 돈이 날마다 그냥 가득 들었는 줄 알고.

엄마의 시집살이

열일곱 새색시 동갑내기 신랑.

김해 생림면 산골짝 동네에서 홀시어머니 성깔에 날마다 혼이 나셨다.

절구통에 나락 넣어 쌀을 만들고 밥하고 죽 끓이고 금방 찧은 쌀이 구수하고 맛있다고 입맛 까다로운 시어머니, 신랑, 시누이.

군말 한마디 못하고 원망도 없이 그 세월 어찌 사셨을까.

철없는 신랑, 각시 잘못한 걸 엄마한테 고자질하는 애 같은 신랑.

그 세월 얼마나 고단했으랴.

주경야경

우리 할매 배 매고 배 짜는 선수셨다. 목화 따서 씨 골라 솜으로 한 짐 놓고, 솜 고치 만들고 물레 돌려 무명실 뽑아내고, 호롱불 밑에 맨 무릎에 무명실 삼배실 이어지는 일 새벽까지 하셨다.

방 한켠에 언제나 베틀이 놓여 있었다. 낮에는 밭일하고 밤이며 베 짜고 아기 낳은 산모 사흘도 못 쉬고 베틀에 앉아 베 짜는 우리 엄마.

시어머님 일하시는데 누워 있을 수 없으셨던 며느리, 우리 엄마.

할머니의 엄마 자랑

내일모레가 출산 예정일이어도 오늘은 온종일 모내기 하며 품앗이 일손 갚아야 하고 태산 같은 빨래 집안일은 일이 아니다.

논으로 밭으로 하는 일이 일이다. 농삿일 어중갭이 아버지는 농협조합일로 매일 출타시다. 힘센 장정들이 하는 일도 무서운 줄 모르시던 우리 엄마. 힘도 세고 덩치도 남보다 크셨으니 힘듦도 아픔도 없는 줄 알았다.

우리 할매 모르는 줄 알았는데 밖에 나가시면 우리 며느리 욕보고 잘한다고 자랑하신단다

집에서는 그렇게 시집살이시키시면서.

엄마의 비자금

친정 갈 때 쓰시려고 우리 엄마 비자금 어떻게 만드셨을까.

경제권은 전적으로 우리 할매 치마 밑 빨간 비단 주머니에 있는데 몰래 쌀 몇 됫박 팔았었나.

장날마다 삥땅을 쬐금 치셨나.

어느 해 친정엄마 빨간 속옷 바지 사드리는 게 유행을 하니 그래도 맏딸인데 얼마나 해 주고 싶으셨을까.

돈 몇 푼 몰래 숨겨두었다가 시어머니께 들통이 나서 정신이 쏙 빠지도록 혼나시는 걸 나는 보았다. 좀 모르는 척해주시면 인심도 쓰고 며느리 마음도 몸도 행복했을 걸.

할매의 며느리 사랑

울 할매 잘하시는 것도 있다.

밖에 나가시면 시어머니들 모여서 남들 며느리 흉을 봐도 절대 당신 며느리 흉은 안 하신단다.

보리타작 모내기 한철이 되면 엄마는 새벽부터 머슴들 데리고 일하러 가신다. 우리 아버지 시간 되시면 먼저 조합으로 출근하시고 아침밥은 우리 할머니가 하신다. 해질 무렵 일군들 먼저 보내고 뒷마무리하고 늦게 오시면 시어머니가 며느리 밥상을 차려주신다. 먹던 반찬, 밥도 아니고 밥그릇에 뚜껑 덮어서 국솥에 불 지펴 따슨 국이다. 밥상 앞에 시어머니 보초를 선다. 밥그릇 싹 비우면 기분 좋아 아무 말 않으시고 남기기라도 하면 시애미 해준 밥이라 야단이 나신다. 설거지도 당신이 해놓으시고.

일이 버거워 입맛이 없어 남기고 싶어도 무서워서 억지로 다 먹으셨단다. 며느리 먹이는 건 우리 할매 금메달감이시다.

동네 패싸움

엄마는 구 남매 맏이에 남형제 여섯에다 여형제 셋이다. 막내 이모는 나보다 생일이 늦다. 우리 외삼촌들 다 한 덩치에 한주먹 한다. 둘이서 짝으로 누나 집에 오기만 하면 동네 청년들이랑 패싸움이 난다. 그때는 낯선 사람이 지나가면 동네마다 싸움판이 벌어졌다.

동네 젊은이들이 텃세값을 하고 우리 집 뒷산이 싸움 장소다. 온 동네 아이 어른 구경꾼들 걱정 반 흥미 반으로 모여든다.

싸움질은 때가 바뀌어도 이어진다. 방학이면 고모집 이모집 오는 사촌들 윗대 DNA를 물려받아 걸음걸이도 건들건들 시비 걸어오기를 기다리는 몸짓이다. 구 남매 사촌들 몇 십 명이 돌아가면서 올 때마다 싸움이 붙는다. 사건도 웃음도 사연도 가지가지.

우리 엄마 얼마나 민망하고 난처했을까.

싸움 후일담

싸움판이 결정이 되어 갈 때 집으로 연락이 온다.

그럴 땐 우리 할매 큰 장대 하나 들고 싸움판에 뛰어든다. 못된 것들이 점잖은 손님에 싸움 걸었다고 당연히 외삼촌들 편을 든다. 며느리 시집은 살리시면서 집에서 쌈박질 말썽이면 야단도 칠법한데 이건 무슨 조화인지 모른다. 우리도 덩달아 외삼촌이 의기양양 이기는 게 좋았다. 외삼촌들 한 두명 돌아가면서 오실 때마다 다 정례행사처럼 싸웠다.

세월 흘러 나이 든 외삼촌들, 그때 사돈 할매 편들어 주셔서 힘이 났다며 두고두고 신나는 옛이야기다.

외할아버지

구 남매 맏이인 우리 엄마 유별난 부녀정에 목이 말랐다. 글자도 못 가르치고 동생들 키우느라 일만 한 큰딸을 유난히 챙기시던 외할배.

낙동강을 가운데 두고 우리 집은 김해, 외갓집은 밀양. 삼랑진 오일장이 서는 날이면 약속은 없어도 부녀가 만나는 미팅 장소. 시어머니 눈치 보며 쌀 한 말 이고 올 때 업고 가자고 하지 않겠다는 굳은 다짐을 하고 엄마 따라 나선 나는 대여섯 살이었다.

점심 요기는 소고기 국밥집. 고기 건더기 국그릇에 왔다 갔다 실랑이를 하며 아버지와 아쉬운 정 다음 장날을 기다린다. 파장 때 나는 잠이 들고 할배 넓은 등에 업혀 나루터까지 바래다 주시는 자상하고 뜨거운 사람.

덩치는 산만 하신 분 외할배.

밭매기

설 쇠고 나면 보리밭 독새풀 매기가 시작된다.

일이라면 우리 엄마 따라올 사람 없다고 소문났지만 아버지에게는 못 당한다. 엄마 한 골 맬 때 두 골을 달린다. 커다란 호미로 대충 쓱쓱 긁어서 흙으로 풀 자국을 덮어버린다.

"그게 일이라고. 매나 마나!"

엄마의 잔소리는 계속되고. 티격태격 그 끝에 아버지 불끈! 한마디에 우리 엄마 찍 소리 못하고 구시렁구시렁 속만 터진다.

아침밥

부지깽이도 일어서는 농사철. 집 일군들과 온 식구들 새벽같이 논으로 나가시면서 늦잠 많은 작은 딸 깨운다. 얼른 아침밥 해서 논으로 가져오란다.

해가 뜨고 옆집 사람들 아침 이고 온다. 우리 엄마 불길한 예감에 집으로 달린다. 부엌 솥부터 만져보니 싸늘하다. 작은딸은 아직도 자고 있다. 부랴부랴 밥해서 이고 가면 기다리다 삐친 아버지는 일꾼들 데리고 저쪽으로 가버린다. 엄마가 밥을 이고 따라가면 저쪽 끝으로 획, 돌아가고.

밥도 일도 남보다 먼저인 성질 급한 아버지. 작은딸 잘못에 아버지에게 애꿎은 골탕만 먹던 우리 엄마.

운동회

우리 학교 무대는 우리 할매 독차지다. 아들이 육성회 회장이라 학교 행사가 있는 아침부터 더 바쁘시다.

손주들 운동회 날이면 좋은 자리 잡아야 한다고 바삐 일 대충 하고 일찍 나선다. 점심시간 맞춰 밥 해오라는 명령을 내리고 일찌감치 학교 오신다.

점심시간 바구니 터뜨리기 시합에도, 학부모 손잡고 달리기에도 힘도 부치는 할매가 나선다.

아무것도 못 하는 우리 엄마.

엄마의 낙태 수술

육 남매 끝에 노산으로 애기가 생겼는데 애기를 지우려 하셨나 보다.

삼량진역 부근 병원에 가려고 송지 오일장날 핑계로 시어머니 몰래 이십 리가 넘는 길을 걸어가고 오는 길. 사십을 넘긴 몸에 낙태 수술을 하고 무거운 장짐을 이고 먼 길을 어떻게 걸어오셨을까.

집에 와서도 시어머니 눈치에 방에 눕지도 못하시고 부엌 나뭇단에 누웠다 일어나고 하셨단다. 어느 날 내가 그쯤에 생각하니 산모처럼 조리라도 해야 하는데 아무 일도 없었던 양 미루지 못한 힘든 일 못 놓으시고 젊어 고생이 온몸 고장이 난 엄마의 삶.

명절 준비

설 팔월 명절이 다가오면 옷감 사다 주시는 시어머니.

아들딸 당신 손으로 예쁜 옷 골라 주고 싶었을 엄마 마음 섭섭하셨겠다.

바느질 솜씨가 수준급인 엄마. 글자도 숫자도 잘 몰라도 딱 맞게 재단하시는 지금 생각해도 대단하시다.

시어머니께 의견 한번 못 내시고 귀머거리 벙어리 봉사로 사셨다. 떡도 가마니로 하고 조청도 고아서 강정도 쌀 콩 수수 깨 등등 몇 말이다.

말 떼기 두부도 집에서 맷돌에 갈고 끓이고 정월 한 달 내내 손님 수발. 아침에 술 걸러놓고 떡 데우고 콩나물 삶아 오는 손님마다 떡국 끓이고…. 생각만 해도 어지럽다.

빔 옷 열두 벌

명절이 되면 우리 집에는 빔 옷이 열두 벌이다.

부산에 사는 작은 고모가 조금 어렵게 사니까 고종 육남매를 위해 여름 방학 지나면 추석빔 열두 벌, 겨울 방학 지나며 설빔 열두 벌을 장만한다.

한 번도 군말 없이 바느질하는 엄마. 할매는 외손자는 해주지 말라는 건 또 무슨 심보인가. 우리 고모 말씀에 할매 몰래 쌀가마 보리쌀 가마 오빠가 갔다 주셨단다.

유별난 형제 사랑에 올케도 조건 없이 나누었던 정 많은 사람들.

설맞이 준비

동지섣달이 되면 온 동네가 다듬이 소리 밤늦도록 똑딱똑딱 악기 소리같이 요란했다.

할머니 명주 치마저고리, 아버지 바지저고리, 덧저고리까지 한땀 한땀 바느질에 아랫방 무명이불 호청, 속통까지 쇠죽솥에 삶아 씻고 풀 먹이고 밟고 두드리고, 이불 꿰매고 머슴 옷도 해 입히고. 그때는 일이 아닌 줄 알았다.

엄마는 일해도 힘도 안 들고 아프지도 않고 태산 같은 일이 쉬운 줄만 알았다.

지금에야 고단한 그때를 알았습니다.

사랑채 손님들

그믐밤이면 우리 사랑채에 설 쇠려 이웃 동네 손님으로 방 두 개가 비좁다.

밤새 참참이 술상 차리고 설 음식도 중간중간 드시면서 밤샘을 한다. 물도 그릇으로 떠다 나르는 게 감당이 안 되어 물동이에 물그릇 하나 띄워 갖다 놓았다. 날이 밝아오는 첫 새벽 떡국 한 솥 끓여 요즘같이 큰 상도 아니고 겸상으로 열 개도 넘은 상 들고 가고 오고 설거지도 작은 일이 아니었다.

어른 상은 두레상이 안 되는 것이었나. 반찬도 접시접시 담고 밤새 곳곳에 기름불을 밝히며 새해를 맞았다. 이 와중에도 며느리는 목욕재계하고 밀가루 풀 빠삭한 옷 갈아입으시고 차례 재물 차리시던 한 세월. 어찌 사셨을까.

엄마의 속옷

엄마는 늘어진 속옷만 입으신다.

남편 입던 것, 아들딸 입다 헤어진 것. 남편도 자식도 늘어진 옷 입히기 싫으신 엄마 마음이었을까. 자식들 공부 끝나고 나면 돈도 풍족하고 새 옷만 입으실 줄 아셨단다. 아버지 가시고 혼자 남으시니 아픈 자식들 보태주고 싶고 손주들 용돈도 주고 싶고, 하고 싶은 건 많은데 큰 아들 며느리 눈치 보며 자식 시집살이다.

조카들 딸들 고운 옷 사다 드려도 아까워서도 못 입으시고 아낀다. 못 입고 장롱 속에 고이고이 접어두고.

엄마의 손발톱

젊을 때부터 밭으로 논으로 손톱 발톱이 닳아서 깎는 걸 몰랐단다. 온몸이 닳도록 키운 자식들 어느 누가 부모 공 아랴. 아버지는 막내아들 둘을 끝도 이루지 못하고 가셨으니 한 푼이라도 모아야 했다.

아버지 병원비 농자금 빚도 안고 혼자서 복숭아, 감 농사지어 빚도 갚고 아들 결혼 자금도 하시고. 자기 몫으로 남겨둔 땅 팔아 전셋집도 마련해 주고. 남편 그늘 밑에 시집만 살았지만 당신 하실 일은 어느 자식한테도 기대지 않으셨다.

만약 엄마 대신 아버지가 계셨다면 엄마처럼 하셨을까. 쉰아홉이면 재혼도 생각하셨을 거고 따르는 여자들도 있었을 테니까.

엄마 칠순 잔치

정월 스무나흘 엄마 70번째 생신이다. 칠순 잔치를 우리 육 남매 효도 한번 못하고 이날만큼이라도 효도하고 싶었다. 순서대로 행사를 짜고 먼저 가신 아버지 아쉬움 우물 같은 깊은 가슴속에 감추고 김해시에서 그래도 괜찮다는 호텔도 잡고 혼자이신 고모님과 함께 예쁜 한복 똑같이 입히시고 며느리 딸들도 같은 한복 해 입히고 반지도 같이 끼워드리고 큰상 앞에서 차례대로 큰절도 올리고 큰아들 큰사위 순서대로 업어도 드렸다. 고종 동생들 우리 외숙모 최고라며 노래 부르고 춤추는 잔치에 친가 외가 대소간 다 모여 행복 끝에 눈물은 왜 자꾸 날까. 너무 좋아서 우리 아버지 보고파서 눈물이 나나. 여태껏 살아주셔서 고맙습니다.

며느리 시집살이

엄마는 시부모 시집살이 해방이 되어도 며느리 시집살이다. 가지 많은 나무 바람 잘 날 없듯 살림 어려운 작은 아들네 쌀이라도 한 말 주고 싶어도 큰아들, 며느리 눈치에 애가 타신단다.

“내가 시에미 되니 이런 마음인데 느거 할매도 내 눈치 보셨을 때가 있었나 싶다.”

알뜰살뜰한 아버지가 정해놓은 유산. 많이 받은 장남이 여물게 알뜰히 살며 살림 불리는 거 좋아도…. 작은 아들 생각하면 아쉽고 서운함이 많다.

세상만사 내려놓고 가신 우리 엄마, 너무 가엾고 아프다.

엄마의 맏손자

어찌 그리도 맏손자에 목을 매셨나.

첫 친손자가 태어나면서 울 엄마 아버지 내리사랑이었나. 당신 자식들 주지 못한 태산 같은 키운 정이 잠결에도 그리워 살림나면서 떠난 손자 남편의 빈자리에 손자를 붙들고 위안이 되고 힘이 되셨나. 며느리 눈치에 자주 찾아가지도 못하시고.

“엄마 외손자도 있고 다른 손자도 안 있나.”

“그래도 낳고부터 내가 키웠는데 얼메나 이쁜데.”

첫정에 목메이는 이 할매. 그 손자 그 정 알려나.

엄마의 복

어느 해 다섯째 외삼촌 아들 혼사에 가셨다. 큰누나를 끔찍이 사랑한 동생. 강남에서 부자로 사는 올케와 동생의 후한 대접에도 마음이 편치 않은 건 무슨 마음인지 모르겠단다.

내 아들은 집도 못 사주고 남의 집에 세 들어 사는데. 힘이 없어 집도 하나 못 사주고 해주고 싶은 것도 못해주고 신세 한탄에

"엄마, 엄마가 제일 복 많다."

"내가 무슨 복이고?"

"엄마 아들딸 중에 딸 못 낳는 아는 있어도 아들 못 낳는 사람 없제. 죄짓고 감옥살이 간 사람도 없제. 모두 다 팔다리 건강해서 벌어먹는데 지장 없다. 울 엄마가 최고다."

"아유, 그래 니 말 들으니 그런가 싶다. 영 복이 없는 게 아니네."

세월이 가도 그 정이 아련해 '엄마' 불러만 봐도 눈물이 난다.

엄마의 가을

어미새가 새끼를 다 보내듯 혼자 남은 텃밭에 정성을 들인다. 이 평생을 정리하고 떠나고 싶으신가. 들은 정 하루아침에 끊을 수 없어 아버지가 만들어준 추억을 갈피갈피 끼워놓고 색깔로 익는 가을이 내려앉았다. 하늘과 뜻이 맞아 감이 많이도 열렸다. 연노랑 꽃이 지고 초록색 풋감이 붉은 열매가 되어 가지가지 무거운 짐 버거워도 엄마가 되어 끝까지 붙들고 있다.

손대면 끝이 없는 농부의 삶. 많고 많은 대가족 건사하느라 속이 비어서 허리가 굽어진 감나무.

장독대

아들 사형제 항아리 나란히 줄을 선 장독대. 큰아들 것은 물이 스무 말이 넘게 들어가는 제일 큰 독. 차례대로 크기가 다르다. 거기다 고추장 된장 막장 쌈장 개떡장 가짓수도 화려하다.

장독대 옆 우물가에 억세게 산 삶과 달리 함박꽃 상사화 예쁘게 키우셨다

한 오십 년 전 엄마 집에서 분양해온 난초 아직도 우리 화단에 봄마다 꽃을 피운다.

우리 엄마 웃는 얼굴처럼 아련하다.

엄마 자랑거리들

엄마 걱정하던 아들딸 다 잘 삽니다. 당신의 친손자 외손자들 다 잘 커서 어느 누구 앞에서도 자랑할 수 있습니다. 걱정하던 둘째 아들 손주는 세계적인 과학자상도 받고, 예쁜 손주도 잘 크고 병치레로 애태우던 셋째의 손주도 그 어려운 공무원 되어 진급도 하고 떡두꺼비 같은 놈들이 주렁주렁 열렸습니다. 엄마 아버지 새끼에 새끼들 친구들에 자랑하셔도 되는데.

엄마 보고 계시죠?

사모곡 1

별들도 잠든 이른 새벽
아버지의 기침소리 들으며
고단한 하루를 열던 어머니

살아가기 위해
살아남기 위해서
자식을 품고 내일을 향해 줄을 당기던
당신이 생각 나 눈가가 젖어옵니다

절망과 아픔을 안고
허리끈 졸라매며
일터로 나가셨던 어머니

잊은 줄 알았는데
떠난 줄 알았는데
어머니 그 나이가 되니
새록새록 생각이 나서
잠 못 이루고 긴 밤을 지새웁니다

사모곡 2

감나무 이파리 유난히 반짝일 때면
먼 길 떠난 어머님이 생각납니다

청개구리 같은 여섯 남매
호랑이처럼 무서운 시어머니
산처럼 무뚝뚝한 지아비

그 고된 모든 짐
당신의 삶이라 여기시고
힘든 기색 누구의 탓도 않고
비탈진 감나무 사이 밭고랑에서
새우젓 곰삭듯 세월을 보내셨지요

마디마디 닳아진 손길
어디엔들 미치지 않았으랴
이 못난 딸은 당신의 자리에 이르러서야
비로소 그 마음 읽게 되었습니다

지금도 잠결에 가만히 불러보면
왈칵 눈물이 쏟아집니다
이제는 잊을 때도 되었건만
해마다 오월이 오면 하얀 밤을 지새웁니다

푸른 물결같이 살다 가신 어머니
사랑합니다 보고싶습니다
어머니같이 후회 없이 살겠습니다

우리 시대의 전설
시집살이

제3부
깔롱쟁이 친정아버지

깔롱쟁이 친정아버지

촌에 농사짓고 사신다면 아무도 안 믿었지. 외출하실 때는 깔롱이 장난이 아니셨다.

설 명절 물무늬가 나도록 다듬어 진한 명주 바지저고리, 금단추를 단 마고자에 기지 두루마기, 중절모자, 선글라스까지 쓰고 나가시면 영국 신사 저리 비켜라신다. 양복도 색깔별로 맞춰 놓으시고 구두도 가지가지 세팅도 잘하셨다. 헌 속옷만 입으시던 우리 엄마 그래도 인물 좋은 신사 신랑이 좋으셨나 봐. 둘째 며느리 보는 식장에 진자주색 양복에 빨간 무늬 넥타이 은은한 색안경까지 쓰셨다. 색바랜 사진 속에 나란히 앉은 혼주석 현모양처 옛날 할매 우리 엄마와 멋쟁이 신사 우리 아버지.

아버지의 품속

17살 동갑내기 만나서서 20살에 첫딸을 낳았는데, 왜 아빠 될 준비가 없었을까.

밤에 아기가 울면 잠 못 잔다며 나가라고 닦달을 하셨단다. 엄마는 아기를 업고 밤새 마당을 돌며 딸을 키웠는데 3살에 홍역으로 잃었어도 아빠는 슬픔도 없는 것 같았단다.

둘째인 나를 낳으시고는 아기가 울어도 나가라는 소리는 안 하시더란다. 23살 아빠가 자식 사랑을 알았을까. 홀어머니 보시는데 표현을 못 하셨을까.

내 예닐곱 살 즈음. 비 오는 날 우리 아버지 날 꼭 껴안고 잠이 든 기억이 난다. 육 남매 크면서 한 번도 동생들 안아주시는 걸 못 봤다. 내가 안 볼 때는 하셨을까.

육성회장 아버지

내가 6학년, 밑으로 4학년, 1학년, 육성회 회의가 있으니 학부형 모시고 오라는 학교 지시.

우리 아버지 육성회 회장님이시다.

정작 회의 날에는 우리 할매가 오신다. 선생님 드릴 청자 담배 두 갑씩 들고.

아들이 회장인데 아시는지 모르시는지 머슴아들이 보는 앞에서 치마를 걷고 주머니에서 담배 꺼내 담임 선생님께 드리면 오히려 내가 낯이 빨갛게 되어 부끄러워 죽는 줄 알았다. 할매가 야속하고 그때만은 미웠다.

학교 일에 열심이시던 아버지. 언제부턴가 학교 가기 싫어하셨다. 자식들 모두 졸업하고 없으니. 학교 행사 초청장이 와도 재미없어 안 가신다.

표현은 없어도 자식 정이 많으신 분이셨나 보다.

아버지의 연애편지

중학교 다닐 때 아버지한테 연애편지가 왔다. 우리 엄마는 한글도 모르신다.

9남매 맏이로 남형제 여섯 여형제 셋. 걸음마 하면서 동생들 키웠다. 외갓집은 그런대로 부자였던 것 같은데 딸이어서 글을 가르치지 않았단다. 빨래하고 오신 엄마께 연애편지 읽어드렸다. 편지를 보시고는 아버지 외사촌 재매 면서기 하는 박서방한테 일러바친다.

"아재랑 바람을 피우신 겁니다."

퇴근하고 오신 아버지와 부부 싸움이 났다. 처음엔 조근조근하시다 육탄전까지 벌어졌다. 처음 본 싸움. 일방적인 아버지 우세. 겁에 질려 동생들이랑 방 안에서 문틈 사이로 바깥 상황을 차례로 내다보았다.

시어머니의 편들기

때리는 서방보다 말리는 시어머니가 더 밉다는 옛말. 우리 할머니 아들이 바람피워 싸움이 났는데 당연히 며느리 편 들어주고 아들을 나무라야 되는데. 이 할매, 긴 담배대 물고 남의 산 불구경하듯 남자가 바깥일 하다 보면 그럴 수 있다며 아들 편을 든다.

싸움은 끝이 나도 집안은 냉전 상태. 효자로 소문나고 형제 우애도 수준급이 아버지께 할매가 한 말씀하시면 될 걸….

소문이 나고, 급기야 부산에 사시는 작은 고모가 이 산골까지 오셨다. 여동생이라면 꼼짝 못 하시는 그 오라비. 고모 오시자마자 할매부터 야단치신다. "오빠는 행이가 별난 엄마 땜에 고생하고 머슴같이 일하는 것 불쌍하지 않냐."며 올케 편이다.

"행이야*, 우짜노." 하며 운다. 우리 엄마 시누이 손잡고 둘이 한참 울고는 냉전이 서서히 풀어진 것 같았다.

*행이야 : 올케의 호칭 '형님아'의 경상도 사투리

보리타작

보릿고개가 얼마나 높으면 학교도 가정실습으로 미니 방학을 한다.

메뚜기 오뉴월 한철. 점심상이 보리 마당에 차려진다. 할매와 엄마가 밥 다라이 이고 들고 들판에 간다. 모여든 이삭꾼이랑 옆마당 사람도 한 식구다.

해거름 보리 끝 마당이 되어가면 이삭꾼의 앞앞이 큰 아름으로 보릿단을 놓아 주시는 인심도 쓸 줄 아셨던 아버지.

모내기

보리 못 심는 민갈이 논에 첫 모내기 하는 날이면 신새벽 부부간에 모 찌기를 하신다. 일꾼들 오기 전에 부지런을 떨어야 하루일이 수월하다.

우리 아버지 논에는 새참이든 점심이든 일꾼보다 많은 사람들이 모인다. 젖먹이러 오는 할매 지나가는 길손에 이웃 밭 주인까지 다 모인다.

못줄잡이는 아버지 몫이다. 남들보다 줄장 거리를 많이 띄우신다. 엄마가 나무라면 촘촘히 심는다고 곡수 많이 나는 것 아니란다. 못자리 논리 헐렁해 보인다고 엄마는 안달이 난다. 가을이 되어 소출을 따져보면 아버지 말씀도 틀린 게 아님을 안다. 그래도 그 싸움은 해마다 반복된다.

농협 조합장

공부라고는 서당이 전부인 아버지가 농협 조합장으로 당선되었다. 이웃 관계 좋고 술 좋아하는 호인이라 그 덕분인지 모를 일이다. 취임을 하시더니 무슨 산수가 필요하였던지 상업학교 나와 큰 회사 경비부장하고 있는 고종동생을 불러 수학 공부를 시작했다.

새벽 일찍 논두렁으로 나가 물꼬 단속하고 소 풀 한 짐 베어다 놓고, 퇴근해 오시면 일꾼들 등에 달라붙는 쇠파리도 쫓아 주시던 아버지. 짧은 가방끈을 메고도 조합업무를 잘 보셨는지 재임까지 하셨다.

걸뱅이 초상

밥 얻어먹으러 오는 거지가 비실비실 아무래도 심상찮다. 우리 할매 뜨거운 국물에 밥상 차려주며 "묵어야 산다!"고 야단이다.

이튿날 바깥마당 퇴비사에서 죽어 있다. 지서장이 순경 데리고 오더니 연고자 찾는 공고로 삼일이 지나야 초상을 치를 수 있단다. 농협 조합장 하시던 우리 아버지는 팔자에 없는 삼일장 치르게 되었다. 우리 엄마는 경찰, 면의 유지들, 구경꾼, 거지들까지 밥상 차리고 술상 내가고 복닥 난리가 났다. 큰상주는 지서장, 작은 상주는 조합장이라고 농담을 하면서 공동묘지에 안장을 했다. 저승에서 잘 지내는지 모르겠다.

연애결혼

작은딸 결혼식 날 우리 아버지 행방불명.

고모부랑 우리 신랑 오토바이 타고 친구 집 사랑방을 뒤지고 뒤져 찾아오셨다.

이유는 딸이 연애했다는 것. 엄하디 엄한 집에서도 내 동생은 연애를 했다. 낮에 오면 남사스럽다는 우리 집, 밤에 총각이 인사를 왔다. 무릎 꿇고 앉은 사람 앞에 부모 말 안 듣는 불초라 아무짝에도 못쓴단다. 아버지는 단호하시다.

"친가 망우고 시가 망우고. 불초에 그냥 가시게."

즈거 좋다는데 어쩌랴. 사성을 안 받아들이는 고집에 혼인날 함께 왔다.

함안 조씨 장손이고 공무원에 가문도 윗대 아랫대 형제도 많고. 아버지 조건에는 얼추 맞는 것 같은데.

단지 연애했다는 이유로.

결혼식

연애한 딸 혼사에도 억지를 부리신다. 단돈 50만원 주시면서 다 하란다.

큰 살림 경제권 없는 우리 엄마 난감하였다. 고모 집에서 예단 이불이랑 등등 준비하고 이받이상 음식은 큰 엄마가 해주시고. 50만원으로 신랑 양복 한 벌 시계 하나 해도 모자란다. 시집가는 딸 준비들도 있어야 하고. 우리 엄마 얼마나 속이 상했으랴. 시집간 큰딸은 형편이 어려워 보탬도 못되고….

신부 입장에 딸 손 잡은 혼주는 마구 뛰어가신다, 얼굴엔 불만을 한가득 안고. 사돈 인사에는 그래도 깍듯이 예의 다하신다. 소문 듣고 오신 하객들 모시고 관광차가 집에 오니 이웃에서 술 길러다 놓고 감주도 하고 떡, 잡채, 돼지고기 잔치 음식이 윗방 아랫방 한 상 차려져 놓였다.

이 모두 엄마 동네 품앗이 음식이다. 우리 엄마 참 잘 살았다 싶다.

아버지의 반전

말도 많고 탈도 많은 작은딸 시집에서 사돈을 청해 큰아버지 큰엄마 고모가 같이 갔다 오셨다. 많이 풀리신 것 같다. 함안 조씨양반 집에서 사돈 대접 제대로 잘 받으셨나. 아니면 조씨네 어른들이 그리 중히 여기시는 예의범절이 마음에 드셨는지 많이 좋아지셨다.

겉으로 말은 없으셔도 집안 큰일에 동네 어른 대소 간에 사위 인사시킬 때 잘한다 소리는 안 하셔도 성姓값은 한다고 인사를 시키신다.

울 아버지 큰 반전이다.

맏며느리 맞이

큰며느리 맞이한다고 우리 아버지 신이 나셨다.

좋은 건 다 해주고 싶으신 것 같다. 사돈 초대에 가셔서 양반 대접을 잘 받으셨는지 연애결혼한 작은 사위한테도 많이 누그러지셨다. 며느리 혼수 장만하시면서 사위들에게 못다 한 게 걸리셨는지 사위 둘 양복도 한 벌씩 해주셨다.

잔칫날 오신 손님에 사위 자랑도 좋게 하시고 성값은 한다고 또 자랑이시다.

중매와 연애

딸은 연애하면 큰일 날 줄 아시던 울 아버지. 둘째아들 아가씨 인사 오니 웃음 활짝 피우시며 환영을 하신다.

둘째 며느리 보면서 말이 눈치가 보이셨나. 큰며느리에 비해 혼수가 약소한 것 같았다. 대한민국 끝 강화도에서 착하고 순한 참한 사람이다.

둘째, 셋째, 막내아들 다 연애결혼한다고 아가씨 데려와도 웃으시며 반기는 것은 무슨 조화일까.

아들이라서 그럴까.

큰딸 중매에 실패하고 연애결혼이 잘 사는 걸 깨달으셨나 보다.

둘째의 첫 손자

둘째 아들 첫 손자가 태어났다. 시작부터 아픔을 가졌다. 삼일만에 수술을 했다.

그때부터 우리 아버지 피곤하신 몸으로 병원 손주 보시려 몰래 다니시며 여린 정을 주셨다. 사는 게 어려운 자식 크게 도우지 못한 애타는 그 마음. 귀한 집 딸 고생시키는 게 미안하고 안쓰러워 애태우시던 우리 아버지. 그 아들도 이젠 아들 둘에 며느리 손주 잘 살고 있습니다. 아버님 기일이면 옛이야기를 하면서 그리워합니다.

간암 치료

평소 약주를 좋아하셨던 아버지. 병원 진단 간암 말기 그때 쉰아홉.

입퇴원을 거듭하면서 좋다는 민간요법에다 눈 속에 복수초로 만들어낸 명약이라지만 백약이 헛수고다. 고통 정도는 점점 심해지는데 미국에 사는 사촌 여동생이 보낸 진통제와 병원 주사약으로 견디고 계셨다. 아버지와 네 살 터울 여동생은 오빠를 자기가 한 달이라도 모셔야 한다며 아버지를 부산고모집으로 모시고 가셨다. 새벽이면 자갈치 싱싱한 생선 해물, 영도 다리 이름난 약제 사다 달이고 날마다 찾아오는 우리 형제에 사촌 친척 손님 수발까지 다 거들었다.

일찍 시집온 사촌 올케언니들은 유별난 형제 정은 세상에 처음 봤다며 자기 친정아버지 돌아가실 때 보다 더 가슴이 아프단다. 아픈 시숙부를 보면서.

유품

유품을 정리하다 작은 수첩에 보니 날마다 병상 일기를 쓰셨다.

진통이 찾아오는 횟수, 아픈 강도, 욕심이 좀 많은 큰아들 며느리 뒷수습까지 생각하셨다. 둘째를 시켜서 재산 상속 정리하시고 많다고 생각되는 땅은 장남 절반, 나머지 절반으로 엄마, 아들 셋이다. 딸 둘은 하나도 없다. 꼼꼼히도 하셨다.

빈틈없는 아버지. 먼저 가신 고모부는 백씨 선산 못자리 찾다 처갓집인 우리 산에 묻히셨다. 아버지는 훗날 말썽의 소재가 된다며 그 와중에 고종 동생 앞으로 분할해놓으셨다. 고모가 돌아가시고 합장을 하면서 "누님 나는 여동생이 있어도 우리 외삼촌처럼 못합니다."고 한다. 사위들은 장인 무덤 앞에서 죽어도 장가는 잘 가셨단다.

아버지의 상량문

태풍에 초가집이 무너졌다. 집을 지으려니 무엇을 해야 할지 깜깜하다.

'아부지 집이 무너졌는데 우짭니꺼?'

돈은 하나도 없는데 사위를 데리고 이것저것 알아보더니 땅은 국유지 집은 적산가옥이란다. 국세청에 불하받으시고 건축 허가 내어주셨다. 어려운 사연 이겨내고 집을 지어주셨다. 엄마한테도 누구에게도 말하지 말라는 신신당부를 하시면서.

시가 동네 제도길에 이층집이 처음 생겼다. 버스기사 택시기사도 이층집이 이정표가 되었다.

그때쯤 몸이 안 좋으셔서 새집 완성한 딸 집에는 와보지도 못하셨다. 아버지 몇 달 투병 생활에도 아무것도 한 게 없는 큰딸. 아빠 얼굴에 눈물방울 떨어뜨리며 우는 것밖에. 울지 마라 내가 너한테 죄 많이 짓고 가신다는 그 말씀에 한없는 눈물만 흐른다.

지금도 우리 집 천장 대들보에 아버지 쓰신 상량글이 있어 뿌듯하다.

친정아버님께

아버님께서 가신지 강산이 몇 번이나 바뀌었지만 아직도 잊지 못하고 그리워합니다.

무척이나 엄하신 분이셨죠. 우리는 그런 당신을 무서워했습니다. 산같이 말 없는 그 마음 뒤에 여리고 따뜻한 마음이 있다는 걸 그땐 몰랐지요. 자식들이 아프고 힘들 때 내색은 없으셔도 가슴으로 아파하시던 모습을 이제야 절절히 깨닫게 되었습니다. 우리 형제들을 야단치실 때도 집이 울리도록 큰소리만 쳤지 매 한번 들지 않으셨습니다. 이제 와서 생각해 보니 무서웠던 그 그림자도 우리가 기댈 수 있는 커다란 언덕이었습니다.

늦은 밤 항상 할머니 잠자리 밑을 챙기시던 효성 지극한 모습을 저희들은 보았습니다. 할머니와 마주하는 밥상에서 당신 국그릇에 든 멸치 한 마리도 할머니께 드렸지요.

큰 머슴처럼 일하고 어려운 시집살이, 많고 많은 손님 수발, 자식들 건사하느라 허리 한 번 펴지 못하는 우리 어머니께는 다정한 말 한마디 따뜻한 눈길 한번 주지 않았지요. 어머니께 여기서 못다한 정 그곳에서 많이 베풀어 주세요.

아버님 당신은 커다란 나무셨습니다. 형제지간에도 아낌없이 베풀고 친척의 어려움, 집안의 대소사, 이웃의 어려움도 척척 나서서 해결해주는 만능 해결사였지요. 아버님을 아는 사람들은 당신의 빈자리를 아쉬워하고 좋은 곳에 가셨을 거라고 합니다.

오래오래 못다한 그리움으로 아버님을 불러봅니다.

제4부
남편은 어정뜨기 농사꾼

김옥선 이야기시집

남편은 어정뜨기 농사꾼

비닐하우스 봄 양배추 웃거름이 늦었다. 경운기에 비료를 싣고 밭에 도착하니 이 남자 밭골을 바라보며 탄식이다.

"이걸 다 우째 하노."

"우짜기는 우째. 오늘 다 해야지."

앙살을 부린다. 동시에 출발해서 밭골 끄트머리에서 뒤돌아보니 아직 반도 못했다.

"여태까지 머 하는데?"

큰소리가 나면 허리 아프네, 다리 아프네, 엄살이다. 누구는 안 아프나? 일만 시작하면 다잡는다고 좀 천천히 하잔다. 성질 급한 울 아버지 DNA를 물려받아 부리나케 설친다. 그래도 일머리는 엄마를 닮아 나의 사전에 대충은 없다. 골병이 들어 내일은 드러눕는 일이 있을지라도.

그러나 놀기 좋아하는 이 남자. 지나가는 사람 누구 없나 하고 고개를 빼 들고 살피지만, 농사철 이 너른 들판에 개미 새끼 한 마리 안 얼씬거린다. 다행이다.

이불 밑 부부 싸움

살다 보면 좋은 날만 있는 게 아니다. 작은 일에 말싸움이 난다

밖으로 목소리 새어 나갈까 봐 이불을 뒤집어쓴다. 큰방에 편찮은 어른이 계시기에 큰소리라도 나면 나 때문에 싸우나 생각하실까 봐서 싸움도 조심스럽다.

아이들 혼을 낼 일이 있어도 시아버지 원망에 매질한다고 하실까 봐 어른 눈치가 보인다. 시집살이도 남편한테 따지고 이기고 싶어도 며느리나 엄마는 그도저도 못한다. 어른 앞에서도 큰소리 내는 게 아니고 여자 목소리 담 넘어가면 안 된다는 친정아버지 딸 키우는 철학은 평생 진행 중이다.

들 한복판 부부 싸움

쌓이고 쌓인 성질 풀 길이 없다. 들에 일하러 가서도 논밭 이웃들 눈치가 보여 큰소리도 못한다.

어느 날 한낮, 외딴 논에 일 나갔다. 들 한복판이다. 옆에 사람들도 없고 이때다 싶어 싸움을 걸었다.

내가 잘했네, 네가 잘못했네. 이기지도 못하는 싸움도 큰소리 한번 치고 나니 속은 좀은 후련한 것 같은데.

며칠 뒤 아렛각단 어느 누가 묻는다.

"느거도 싸우나?"

싸우는 걸 다 봤단다. 밖에서 속이 까맣게 썩어도 집에 오면 어른 앞에서는 아무 일도 없었던 걸로 살아온 내 젊은 시집살이.

그래도 그때가 그립다.

휴전

일상 지쳐 싸우다가도 어떤 때는 쉽게 휴전이 된다.

당신의 제일 약이 되는 자식들과 손주가 오니까. 여섯 손주 할배가 똑같은 수준으로 호호하하 놀다 심심하면 차에 몽땅 태우고 손주 자랑에 나서는 철부지 남편.

마누라한테는 남이 되고 큰소리치며 고집불통인 사람. 미장원에서 변신을 하고 와도 아는지 모르는지 반응이 없어도 손주들이 안 보던 옷을 입혀오면 와! 와! 이쁨에 귀에 걸리던 입꼬리.

엄살

나이가 들어가면 아이가 먼저 되는 남자. 별일도 아닌데 삐지기도 잘하는 삐돌이. 가는 귀는 잡수셔선 손자들이 노는 소리에도 궁금한 것도 많고 알고 싶은 것도 많다.

조금만 아파도 엄살은 또 구단이다. 귀앓이가 너무 아프다면서 작은 병원은 안 되고 대학병원 가야 한다는 엄살. 나만 보면 여기가 저기가 아프다가도 놀러 가자는 친구의 전화 한 통화에 몸살감기도 다 달아나 버린다.

그런 날은 신나게 노래하고 놀던 힘으로 일하는 트렉터 엔진소리에도 힘이 실린다.

농약 치기

김해벌판 넓은 논에 농약 치러 간다.

약 타고 긴 호스 펼 때까지는 우리 부부 아귀가 척척 맞다가도 약 줄기가 하얗게 뻗치기 시작하면 난리법석이 난다. 나는 수십 미터나 되는 호스 담당이고 자기는 약 꼭지를 쥐고 뿌린다. 빨리 안 따라온다고 "뭐 하노!" 라는 된소리가 들판을 가로지른다. 무거운 호스를 들고 미끄러운 논바닥에 엎어지고 자빠진다. '문디 같은 인간아. 여자가 무슨 힘이 있노?' 소리도 못 내고 마음 속으로 앙살이다. 힘 센 남자가 호스 잡고 내가 약을 뿌리면 나을 것 같은데 죽어라고 약치는 건 자기가 한다. 내 볼 때는 순전히 어정뜨기 꼴에 대장 농부라고….

일이 끝날 즈음 씩씩거리며 묻는다.

"니 내 보고 욕했제?"

무슨 욕? 아무 소리 안 했다.

봉사활동

집안일 하다 좀 늦게 논에 오니 논바닥에 트랙터 세워 놓고 이 남자 흔적 없다.

봉사단체 관변단체에 발을 담근, 날고뛰는 단체도 많아 회원에다 회장에다 속을 태우더니 오늘은 몰래 도망갔다. 승용차도 사라진 걸 보니 아마도 남녀 회원들 앞앞이 태워 어디론가 쏘다니고 있겠지.

무슨 무슨 표창장, 감사패 많이도 쟁여놓고 좋아하는 사람. 가을걷이가 끝나면 쌀가마니 어디어디 갖다 주고 온다고 하더니 빈손으로 와 쌀값은 여기저기 기부했다던 사람. 그래도 큰 축제 행사에 까만 양복 갖춰 입고 내빈석에 앉은 모습은 이쁘기는 했다.

손주들

한여름 해거름에 땀에 젖은 옷에 거름 냄새까지 달고 온 할아버지. 사춘기 소녀들 할아버지 목에 매달려 원을 돌며 웃음이 따라다녔다. 할배 냄새나는데 그냥 이리 오라는 할매 말은 뒤로하고 할아버지 향기란다. 손자와 바둑판을 앞에 두고 한 수 물리자 안된다 티격태격. 바둑돌 같은 까만 웃음 하얀 사랑이 찰거락찰거락. 리듬 맞춰 춤을 춘다.

알고도 속아 준 당신

그저께도 나가고, 어제도 나가고, 오늘도 나가야 하는데 차마 입이 떨어지지 않는다.

양정 친구가 아파서 병문안 가야 한다고 눈치를 보며 말하는데 가슴이 떨린다.

"그라먼 갔다 온나."

한 마디 허락에 부리나케 하던 일 밀쳐두고 바쁜 집안일 다 잊고서 친구들과 깔깔대며 신나게 놀다 왔다. 집에 와서는 연속으로 거짓말 못하고 배시시 웃었더니

"내가 모르는 줄 알았나?"

알고도 속아준 당신

농부의 은퇴식

직장 다닌 사람의 은퇴식은 키 큰 화환들이 줄을 서고, 감사패와 축사 아름아름 안겨주는 꽃다발에 축하, 축하, 하는 웃음꽃들 화려하기 짝이 없네요

손발이 얼어 터지고 얼굴은 동상에 걸려 술 취한 색이 되고 한여름 뙤약볕 무서운 줄 모르고 허리 한 번 펼 새 없이 한평생 살아온 농부의 소리 없이 찾아온 이별의 은퇴식.

그 흔한 감사패 하나 없이 남겨진 사람 앞에 태산 같은 그리움만 안겨주네요.

자죽자죽 걸어온 농로길에 철마다 씨 뿌리고 갈무리하던 논밭. 일손 모두 접어두고 발길도 멈춰버린 날. 이 땅에서 참 열심히 잘 살았다고 제가 답사를 했습니다.

철마다 찾아오는 열매의 향기가 당신이 계신 곳으로 찾아가서 금메달로 머물기를 기원합니다.

남편은 슈퍼농부

논갈이와 사래질, 모내기도 당신만큼 잘하는 이가 없는 걸 왜 몰랐던가요. 밤을 낮 삼아 일한 당신께 수고한다는 말 한마디 고맙다는 말 한마디 건네지 못하고 천년만년 건강하리라 믿으며 잘 챙기지도 못했는데. 잘못하는 것만 보였는데. 여보! 미안하오. 당신 존재의 소중함을 그대 떠난 뒤에 절절히 깨닫다니. 하고 싶은 많은 말이 응어리가 되어 이 비좁은 가슴에 눈물비로 내립니다.

아직도 다하지 못한 사랑, 눈물의 강물 되어 흐릅니다

당신 일흔 번째 생일날에

오늘이 당신의 일흔 번째 생일날이네요.

한 세상 살면서 환갑도 진갑도 건너뛰고 고희 날에는 큰잔치 하리라 벼르며 기다렸잖아요. 당신이 그리도 좋아하는 밴드 불러서 좋은 자리 마련해서 가장 가까운 형제 대소간도 부르고 동네 사람도 이웃 마을 사람도 친한 친구들도 모임 단체들의 회원들도 모두 모두 초청하여 잘 키운 자식 자랑도 좀 하고 할아버지 당신보다 훌쩍 커버린 예쁜 손주들의 연주회도 갖은 재주도 많은 손님 앞에서 자랑해야 하는데….

살아온 지난 세월이 얼마나 숨차고 버거운 삶이었는데, 바위 같은 무거운 어깨 감싸 안아주며 따뜻한 봄햇살같이 하얗게 하얗게 오래오래 살아야 하는데 하루에도 몇 번씩 아웅다웅하면서….

이제는 올 수 없는 먼 나라 사람인데도 날마다 끝없이 기다리면서 이 작은 가슴에서 부르고 또 부릅니다. 이제부터는 덤으로 사는 공짜 같은 행복만 남았는데…. 보이지 않는 끝없는 그리움이 소리 없는 세월의 끝을 잡고 날마다 그 자리에 맴을 도네요.

올해 당신 생일상에도 언제나 좋아하던 갈비찜, 생선도 굽고 갖가지 나물도 미역국도 끓이고, 떡도 하고, 하고 싶은 많고 많은 이야기들 내 손주들의 유리알 같은 웃음소리도 기분 좋게 차렸습니다. 한잔의 약주에 불콰해진 얼굴, 온 세상이 내 것인 양 큰소리 내며 웃는 모습 보고 싶었는데….

올 생일에는 먼먼 나라 여행에서 입으라고 새 옷 한 벌 했답니다. 와이셔츠도 속옷도 새 구두도 사구요. 넥타이는 당신이 즐겨 매던 걸로 했습니다. 바짓단은 당신 키에 맞추어 올려놓았습니다. 당신의 고희날에는 가족사진도 다시 찍기로 했잖아요. 사진 찍기 좋아하던 사람. 당신 새끼들과 같이 사진 찍을 때 무척 행복해했지요.

아웅다웅 싸우면서 황소고집이 미워서 당신을 한 번쯤 이겨보려고 큰소리치고 앙살도 떨고 잔소리도 많이 했는데. 한 번쯤은 져주지 끝내 이기고만 살았던 무정한 사람….

호주머니에 명함도 전화번호 쪽지도 많이 넣어줄게요. 잊을 수 없는 서러운 이름….

멀고 먼 나라에서 좋은 친구 만들고 행복하세요.

당신의 잔소리쟁이가 당신 고희날에 당신을 그리워하면서 글을 올립니다.

추석입니다

추석입니다.

올 추석은 성급하게 빨리도 들었네요. 벼 이삭이 아직 여물지도 않았는데. 여름의 끝자락을 붙잡고 늦더위가 기승을 부립니다.

모두가 기쁜 추석이건만 왜 이리 섭섭한지. 우리 손자 도현이가 당신과 함께 두던 바둑 솜씨로 바둑 대회에 나가서 일등을 했답니다. 당신이 계셨더라면 얼마나 좋아했을까요? 상금도 삼십만원 탔대요. 당신 손자 손녀들 하나같이 착실하고 건강하게 잘 크고 있습니다.

바둑판을 보고 있으니 바둑알 같은 웃음이 차르르차르르 쏟아지면서 그 모습 그 목소리가 들리는 듯합니다. 우리 영우는 기말고사에서 시험 점수가 잘 나와서 지 애비가 손전화를 사주었는데 나에게도 안부 전화를 자주 합니다. 할아버지 당신께도 전화가 왔던가요?

이 편지가 당신 손에 닿을 순 없어도 제 마음은 전달되겠지요. 오늘은 그동안 미처 다 나누지 못했던 말을 적어보렵니다.

나이만 먹었지 철없는 이 여자는 이제야 가슴을 치며 후회합니다. 대충대충 하는 일이 마음에 들지 않아 다시

하라고 극성을 부린 일이 많았지요. 건조장 바닥에 시멘트 콘크리트를 하는데 수수빗자루에 시멘트물을 묻혀 건성건성 하는 것이 못마땅해 속을 끓였지요. 그래도 당신은 '이래 놔도 괜찮다 마.' 웃으면서 나의 짜증을 받아넘겼습니다. 이젠 당신이 하지 않으면 아무도 할 사람이 없는데. 솔방울처럼 거친 손바닥으로 내 얼굴을 만질 때 거름 냄새 발 냄새가 거슬려 타박을 했는데 이제는 그 냄새 그 손길도 아련합니다. '있을 때 잘해. 후회하지 말고' 유행가 가사가 나 들으라는 듯 가슴을 콕콕 찌릅니다.

조금만 아파도 당신께 엄살을 피웠건만 이제는 많이 아파도 나 혼자 아파해야 합니다. 당신의 소중함과 귀함을 몰라줘서 미안합니다. 당신이 가지고 일하던 농기계가 고장이 나도 버리지 않고 고쳐 쓰렵니다.

당신과 함께 한 모든 것들을 하나도 잊지 않고 간직하고 싶어요. 못다한 정 두고두고 갚으렵니다.

잊혀지지 않네요

차례상 차릴 준비 해놓고 혼자서 자식들과 손주놈 기다리니 적막강산이 따로 없네요.

지난날 섣달그믐날, 당신과 시장에 가서 알 굵은 과일도 사고 내 새끼 잘 먹는 고기도 제법 사고 빈자리가 없는 식당에 가서 내가 좋아하는 음식 사 주셨지요.

다른 집에선 음식 장만하랴 바쁜데 나 고생한다고 마음 써 주었던, 이제는 영원 속으로 입적한 당신.

다시 오지 않을 시절이기에 두고두고 잊혀지지 않네요.

혼자서 생일상을 받으니

혼자서 생일상을 받으니 옆구리에서 찬바람이 인다.

내 생일날 되면 좀 더 잘해주고 싶어 애쓰던 사람.

선물과 용돈 푸짐한 음식. 그러나 혼자 받는 썰렁한 생일상에 오늘 저녁 꿈속에서 생일 선물로 한번 웃어주려나.

무엇이 바빠 그리 서둘러 떠났는지. 새벽이 다하도록 기다린 날

'아차! 이제 못 오시지.'

문득 정신 차려 눈물짓다 잠들어도 모든 걸 내려놓고 쉬고 있는지 꿈길에도 소식 없어라.

운전면허증

육십 나이도 절반을 훌쩍 넘기면서 아쉬움 없이 살다가 어느 날 정신을 차려보니 타고 다닐 차의 절박함이 내게 왔다. 남편 생각에 코끝이 찡해졌다. 한평생 나를 태워 다닐 사람이라 했는데 갑자기 떠나갔다.

이제는 나 스스로 홀로서기를 해야 한다. 시험이라고는 옛날옛날에 월말고사 기말고사 시험 후 처음 치는 필기시험. 연필도 아닌 컴퓨터로 하면서, 쿵쿵거리는 가슴에 손도 떨리고 또 발까지도 떨면서 어떻게 답안지를 냈는지 모르겠는데 운 좋게 합격하고 나니 더 떨리는 실기시험이 또 걱정이다.

시골에서는 차가 없으면 아무것도 못한다. 절박함 때문에 무뎌진 운동신경도 날을 세운다. 조금만 연습하면 잘 되실 거라며 격려 아끼지 않는 가족들. 꿈에도 생각 못하던 면허증을 따서 아들이 사다 놓은 중고차 운전대에 앉았다.

평생을 나만 태우고 다닌 당신이 생각난다. 이제는 내가 태우고 다닐 수 있을 텐데….

생일 케이크

당신께서 먼 세상에 가셔도 당신 생일이면 케이크에 촛불을 당깁니다.

불빛 속에 어른거리는 그림자, 떠오르는 반가운 얼굴. 꼭 만나질 것 같은 아쉬움에 뒤돌아서서 눈물을 훔칩니다.

그러다가 가물거리는 환영 눈물에 가리었나 싶어 눈을 비비고 다시 보면 뜨락에 먼빛으로 앉아있군요.

당신의 깊은 꿈은 내 안에서 살고 기댈 수 있는 기둥이 되었지요.

올해도 당신 생일날 케이크에 촛불을 당깁니다.

기다리는 마음

당신이 가고 없어도 봄이 오고 꽃은 피는군요. 봄비에 젖은 들에 무수한 새싹이 싹을 틔웁니다.

세월 가면 잊을 수 있을까요. 그리움은 나날이 쌓여갑니다. 한마디 말도 없이 떠난 사람. 만날 날 있으리까. 언제 한번 찾아올까요. 애절한 심정으로 절래절래 손꼽아 기다립니다.

한평생 살아온 정 잊지 않으셨죠.

세월이 지나간 빈자리에 떠난 님 기다리는 나룻배마냥 오늘도 회한의 강가에서 기다립니다.

먼빛으로 있는 그대에게

논두렁 저쪽에 있을 것 같아 까치발 하고서 찾아봅니다.

가을 단풍잎으로 가장 지혜롭고 기쁜 글 곱게 써서 그대에게 보내렵니다. 지금 나락논은 황금빛으로 출렁입니다. 툭닥툭닥 가을을 두드리는 콩알맹이 소리 추수하느라 허리가 휘청입니다. 바람 불고 찬비가 내리는 날에는 서러운 마음 혼자 모질게 태우면서 기대고 싶은 언덕을 찾아봅니다.

그대를 놓치지 않으려고 안간힘을 쓰면서 먼빛으로 있는 그대에게 깊은 정 편지로 써 봅니다.

감사패

사랑합니다.

당신 한세상 고생 많았습니다. 고맙고 감사하다고 한 번도 인사도 못했습니다. 마디마디 못 박힌 손바닥 대물림하기 싫은 가난. 밤도 낮인 양 일하신 당신. 우리 자식들 아버지 당신 덕으로 예쁘게 잘 크고 잘살고 있습니다. 당신 팔순 생일날에 당신을 그리며 이 감사패를 드립니다.

철없이 나이만 먹은 당신의 가족 대표
김옥선

농부라서 좋네요

나의 직업은 농부다. 혼자라도 어엿한 농부다.

은퇴 걱정 없고 해고될 걱정 없다. 직장은 넓고 넓은 논과 밭. 해 뜨면 출근하고 해 지면 퇴근한다.

야단치는 사장도 없고 눈치 볼 상사도 없다. 무대뽀 배짱으로 일을 해도 척척 아귀가 맞는 노련한 농부다.

간혹 때를 못 만나 농산물 시집 못 보낼 때도 있지만 부지런 떤 만큼 보상을 받는 농부라서 좋네요.

사부곡 1

봄비인지
겨울비인지 모를 비가 내린다

입춘이 지났는데
살다살다 처음인 모진 추위

당신이 안 계신지라
뼛속까지 시린 추위

동장군도 흘러가는 세월 앞에는
어쩔 수 없을 텐데
당신의 정은 세월을 거슬러
한 마리 연어가 되어 돌아옵니다

사부곡 2

갈이 있어도
보고 싶은 게 사랑이라 하던데

멀리 있으니
그리움이 커질 수밖에

당신의 빈자리가
유달리 애틋한 봄날

버스 유리창에 쓴 낙서가
가슴에서 아픈 꽃을 피우더니
연분홍 꽃잎 되어
허공을 향해 날아갑니다

사부곡 3

당신께서 살아온 지난날
어쩌면 아픈 날이 더 많았는지도 모릅니다
그 길 지나오느라 힘드셨죠
그대 눈물의 시간
온전히 함께하지 못해 미안합니다
몸에 배인 부지런함과
근검절약으로 우리는 행복했어요
힘들고 고달파도
원망이나 불평도 없이
가장의 책임을 묵묵히 수행하신
조건 없던 당신의 사랑은
시린 세월에도 온기를 품고
우리 가족을 감싸고 돕니다

사부곡 4

눈 뜨면 다니던 그 길
그 빈자리에 수없이 찍혀 있는 발자국들
지워지지도 않고 지울 수도 없어요
한나절 낮꿈이었으면…
당신이 일하던 논배미 논두렁 앞에서
어디에 있소! 뭐하고 있소!
아무리 큰 소리로 부르고 또 불러도
대답 없는 사람
대답 좀 해주지 대답 좀 해주지
무정하고 야속한 사람
한없는 후회를 가슴에 안은 채
그리움과 아쉬움에 온몸이 저리는 날
강물 되어 흐르고 있을
그대 숨결을 찾아갑니다

우리 시대의 전설
시집살이

제5부
며느리 시대

김옥선 이야기시집

며느리 시대

농사철이 한물이 되어가면 어둠이 발밑까지 와도 하던 일 끝이 나야 집에 온다. 같이 일하고 함께 온 철없는 남편.

마당에 들어서면서 밥 달라고 한다. 아이도 아니고. 그 자리에 있으면 상 차려주겠다는 내 말에 자기도 멋쩍었는지 웃는다.

먹은 저녁상 설거지도 않고 그대로 두고 바닥에 누워서 기력 충전하고 있을 때 전화기가 울린다. 아들과 며느리가 애기 데리고 온다는 전화다.

화들짝 일어나 설거지, 바닥청소에 바빠진다. 며느리 보기에 흉한 곳은 다 치운다. 손주 기어 다니다 옷에 먼지 묻을까 겁도 난다. 남편은 손주 맞이에 입이 귀에 걸렸다.

남편 왈 "기운 없단 말 헛말이네."

이런 행복도 며느리 시집살이인가.

며느리 시집 첫날

아침밥 챙겨놓고 며느리, 아들 일어나길 기다리다 시아버님 들에 나가셨다.

시집온 어젯밤 새색시 이벤트 파티에 많이 피곤하였으리라. 입담 좋고 재치 있는 조카사위가

사회를 보고 누가 먼저 프로포즈 했냐는 둥 어디가 좋았냐는 등 문답도 하고 대소 간 어른 아이까지 밤이 늦도록 돌림노래도 하고 춤도 추고.

어려운 첫날 신혼여행 피로까지 겹쳤으리라.

늦게 일어나신 며느님

“어머님, 어쩝니까. 엄마가 일찍 일어나 절하라 했는데.”

긴장해서 새벽 3시에 잠이 깨었다가 재벌잠이 들었단다.

우짜겠노. 괜찮다.

아들 생일

며느리 시집온 첫해 아들 생일이다. 식당에서 점심식사. 사돈네와 시동생네도 왔다. 식사를 하면서 내가 물었다.

"아침에 미역국을 끓여 먹였냐?"

"국은 먹었는데예…."

며느리 대답이 걸작이다. 국 끓이는 데만 정신을 팔다가 밥은 하지 않았다고.

우리 때 같았으면 야단을 맞아도 고단수로 불벼락이 떨어질 일이다.

어쩌랴 웃어야지. 그래도 둘이 손 잡고 웃고 다니는 모습이 이쁘기만 하다.

며느리 애교

사는 날이 조금 한가한 낮이 되면 아니면 하던 일 접어두고도 아들 며느리 사돈네 딸 식구들이랑 바람 쐬러 간다. 아들 차 앞세우고 사위 차 뒤따르면서 이 집 시아버지 며느리와 무선 연락을 한다

"김선희 나와라. 오바오바."

"아버님, 김선희 나왔습니다. 오바오바."

전화기 들고 며느리 시아버지 통화 시작이다. 시아버지 비위도 맞출 줄도 아는 센스가 있다. 내 생각인가.

며느리 자랑

우리 며느리 피부가 뽀얗게 키도 크고 이쁘다. 마음도 이쁘고 기특하게 아들 둘을 연년생으로

낳고 막내딸 셋째를 낳아 온 집안의 꽃이다.

친정아버지 닮아 키도 크고 뽀얀 얼굴에 애교도 만점. 성격도 시원시원해서 제 생일 선물로 오빠들이 좋은 걸 해주었는지 할머니, 오빠들 선물에 감동받았다고 자랑도 할 줄 알고. 제 시누에네 아이들 입던 옷 물려주어도 감사하게 받들 줄 안다.

삼둥이 낳아 나라에 애국도 했다고 자부한다.

모내기

모내기하는 날. 온 집안이 바쁘다.

모판 실어내려 아들 혼자 일찌감치 오나 했는데 며느리랑 같이 왔다. 손주는 외할머니 맡기고. 물이 뚝뚝 흐리는 모판을 차에 실어 나르는 둘이 기특하다. 얼굴 벌겋게 땀을 뻘뻘 흘리면서 몸 사리지 않고. 늦게 온 딸 농담이다.

"엄마! 이 고급 일꾼 이래 쓰도 되나?"

약사 며느리도 의사 사위도 농삿일 거든다고 작업복 입고 밀짚모자 쓰고 완전무장이다.

농사일은 안 해본 것 같은데 그래도 용감하게 나서는 사위, 며느리가 고맙고 대견하다.

전생에 쌓은 복

옛말에 이런 말도 있었다.

사위야, 너도 딸 시집 보내 봐라. 며늘아, 너도 며느리 봐 봐라.

그때 되어봐야 부모 마음 안다는 뜻이겠지. 어느새 딸도 사위 볼 때가 되었고 며느리도 며느리 볼 때가 머지않았다. 며느리 말.

아들과 딸에 남녀 손자 여섯이 잘 커주는 것도 전생에 나라를 구한 은덕인 것 같아요.

그래그래, 맞다. 나도 맞장구다.

사위 복, 며느리 복도 전생 덕이라고.

남매

첫딸을 낳았더니 뜬금없이 남편이 딸바보가 되어버렸다. 걸음마보다 말을 먼저 배우더니 두 살 터울에도 남동생에게 누나 몫은 확실하다. 십리나 되는 등하굣길에 제 가방 어깨에 메고 동생 가방 들어 손잡고 다닌다고 소문이 자자했다.

누나 수업 마칠 때까지 기다린단다. 하굣길에 누나가 사주는 과자도 얻어먹는 재미도 있었겠다. 제 몫은 동생과 나눠 먹고 동생 몫은 할아버지 드린다고 남겨 오던 딸. 지금도 동생이라면 끔직한 누나. 누나 말이라면 대꾸 한마디 없이 따라주는 동생.

딸

공부든 일이든 애착이 깊어 성적이 조금 떨어지면 울고불고 난리다. 대입원서 기간에 서울의 어느 대학 원서가 배달되어 왔다. 그곳의 신문방송학과를 지원한단다. 아버지의 결사 반대에 부딪쳤다. 학생 데모 많은 곳에 딸을 못 보낸단다. 하는 수없이 지방의 같은 학과에 입학해서 장학금도 받고 아르바이트도 해서 살림에 보탠다.

의사 남편 만나 시집가더니 삼 남매 낳아 잘 키우면서 독서실 운영하면서 야무지게 산다.

사위

딸이 졸업 무렵 남자친구를 데려왔다. 남편은 기겁을 한다. 자기 딸은 연애하면 안 되는 줄 알았나 보다. 옥신각신하다가 자기 소개를 한다. 대학병원에서 인턴 중인 의사란다. 남편이 펄쩍 뛰었다. 절대 안 된단다. 이유인즉 의사들 처갓집 살림만 쳐다본단다. 아무짝에도 못 쓴단다. 놀란 총각. 집도 차도 TV도 있다면서 머리를 조아린다.

남들은 열쇠 3개를 준다는데 미안해서 사돈 루비 반지 하나 해드린다니 나보다 연배가 훨씬 높으신 사돈은 목걸이도 반지도 다 갖추고 있다면서 어려워 말고 동생처럼 그렇게 살자고 하신다. 상견례를 우리 집에서 하고 들길에 손잡고 걸어갈 때 이웃사람들 언니냐고 묻던 그 날이 그립다. 사 남매 막내로 아버지 먼저 떠나시고 병약한 엄마와 함께 있었는데 그 엄마마저 떠나보낸 사위가 애처롭다.

아들의 학창시절

유치원이라는 게 있는 줄도 몰랐다. 누나 입던 바지도 군말 없고 신발도 발에만 걸리면 끌고 다녔다. 부산시 초등학생 사생대회에서 우수상 받고는 담임 선생님이 미술학원을 권했다. 수학 과학 경시대회에서 장관상을 받았다, 조그만 시골 학교라 교육청이 들썩거렸단다.

중학교 졸업식 날. 교문 밖까지 배웅하고 헤어졌는데 다시 교실로 오더란다. 도서실 부장이라 창문도 닫고 마무릴 하고 가야 했단다. 하굣길 버스에 이웃 할머니 시장 보따리도 마루까지 갖다 주어야 하고.

고등학생 때는 싸움을 한번 했단다. 담임 말씀이 순둥인 줄 알았는데 수 틀리면 한 성질 한단다. 반 친구 한 명이 이리저리 동료들 괴롭히는 걸 참다못해 상상을 초월할 만큼 두들겨 패서 버릇을 고쳤다고 말씀하신다.

고3 막바지에 자전거로 새벽에 나섰는데 담임선생님에게서 연락이 왔다. 트럭에 치여 병원에 왔단다. 온몸에 붕대를 감았다. 하나님 부처님 조상님을 모두 찾았다.

완쾌하여 퇴원을 하고 나니 입시가 걱정이다. 학원에라도 보낼 걸, 과외라도 시킬 걸 하고 후회되었지만 이미 늦었다. 원하는 대학에는 못가도 나름 괜찮은 곳을 합격했다. 졸업식에 우등상을 대표로 받는다고 했는데 엄마는 참석할 줄도 몰랐다.

지나고 보니 사는 게 뭔지 참으로 고맙고 미안하다.

아들도 이젠 어른

장학금에 아르바이트도 하고 학교 추천으로 교환학생 유학도 가고 졸업후 대기업에 취직했다.

첫 월급봉투 엄마에게 주길래 “이 돈 받아 언제 본전 하겠나?” 했더니 웃기만 한다.

어느 아침 제도 끝마을 할머니가 찾아왔다, 어제 저녁에 길가에 벼를 말리고 내외가 경운기에 벼 자루를 올리느라 끙끙거리고 있으니 지나가다 차를 세워 무거운 짐들 다 실어주고 가려길레 누구냐고 물었더랜다. 고마워서 물어물어 인사차 오셨단다.

휴일이면 집으로 와 농사도 거들고, 솜씨가 좋아 가전제품이나 농기계도 잘 다루고 잘 고치는 맥가이버다. 이웃마을 중매로 맞선본 아가씨는 대학병원 약사다. 알고보니 내 고향 동생의 딸이었다. 월급봉투는 정도 들기전 반납했지만 천생연분으로 알콩달콩 잘 살고 있다.

출판 기념회

내 첫 문집 출판기념회에 손주들 다 무대에 올랐다.

친손자는 대금, 친손녀 둘은 탬블린으로 노래를 부른다. 외손주 첫째 딸은 피아노, 둘째 딸은 바이올린 셋째 손자는 첼로다.

멋진 가족 연주회 끝 듬직한 사위는 가족 대표로, 아들은 엄마 축하를 해 주었다.

시와 수필을 섞어 편집한 [그대 숨결은 강물 되어 흐르고]에는 먼저 떠나버린 남편과 내 삶의 터전인 강마을에서 보낸 애환과 가족들의 이야기, 향토에서 함께 어울려 동고동락하는 삶의 모습을 담았다.

100여 명이 넘는 축하객들이었지만 남편 없는 빈 자리. 사랑스런 후손들로 가득한 하루였다.

친손주들

나는 1남 1녀인데 기특한 며느리 덕에 친손주는 2남 1녀다. 첫째는 과학고 2학년 조기졸업해서 학비 걱정 없는 대학에 갔다. 애비 에미 고3 걱정도 안 시키고 아르바이트해서 동생 대학 입학선물 사주는 인정도 있다. 올해 대학간 둘째 손자는 코로나로 대학생활 재미를 못 본다고 울상이다. 자상하기가 수준급이라 엄마 생일이면 새벽같이 일어나 미역국 팥밥 잡채 등을 준비해서 제 엄마 출근 시간에 맞춰 생일상을 차려준단다. 내가 샘을 낸다. "자네는 좋겠네. 나는 아직 아들한테 얻어먹지 못했는데. 전생에 나라를 구했나." 시집을 낸다니까 이 할미 원고 정리도 잘 해주다.

막내 고3 공주는 언제나 긍정적 웃음이 팡팡 솟는다.

외손주들

자식 욕심 나보다 많아 외손주도 셋이다. 큰손녀는 무섭다는 중2 사춘기에도 들일 하다 들어오는 외할아버지 땀냄새를 좋다고 끌어안고 빙빙 돌더니 노래 좋아하는 할아버지 닮았는지 일류대학 작곡과를 전공했다. 잔정 많은 둘째손녀는 건축과를 전공한 외할머니 집수리 내부설계를 똑, 소리 나게했다. 키도 몸집도 당당한 외손자는 체육교육학과 재학중에 공군에 입대했다. 휴가 나오면 "충성!" 경례를 하고는 듬직한 팔로 할머니를 안아준다.

둥글둥글 고루고루 잘 자라주는 외손주들이 고맙기만 하다.

이층집 리모델링

제도길 이층집.

이 동네 제일 좋았던 우리 집도 50년이 넘어서자 온갖 곳이 헐어터진다. 여름에는 더운데다 모기랑 벌레 우글거려 모기장을 치고 겨울이면 보온이 안 되어 보온텐트를 치고도 덜덜 떤다. 그래도 공항이니 특구니 하면서 강마을 모두가 개발예정지역이라 언제 뜯길지 몰라 버틴 세월이 10년이 넘었다. 내 나이도 칠순 중반이 되었다.

자식들이 뭉쳤나 보다. 딸이 깃발을 흔들고 사위 아들 며느리 손주까지 합동으로 집수리공사가 시작되었다. 외벽만 남겨둔 대대적 리모델링이다. 인테리어 감각이 있는 딸의 진두지휘 아래 저희들 카톡방에서 손주까지 합심한 디자인과 색상으로 몇 달 공사 끝에 고급아파트 같은 새집이 탄생했다. 방과 거실에 각종 침대는 당연하고 식탁도 소파도 입식으로 꾸몄다.

그래도 나의 추억이 서린 옛 모습들은 그대로 보존했다. 여전히 남편은 가족사진 액자 속에서 흐뭇하게 웃고 있다. 지인들 많이 모이는 집인데 이젠 무릎 아프지 않게 현대식 의자에 앉을 수 있게 되었다.

| 에필로그 |

우리집 역사 가계부

우리집 가계부는 쉰 살이 훨씬 넘었다. 어쭙잖은 가계부가 일기장이고 역사가 되었다. 한 권 한 권마다 지난 때 묻은 살림살이들이 그대로 담겨 있다.

처음에는 가계부라기보다는 어느 노트의 쓰다 만 자투리 공간에 메모처럼 낙서같이 생각날 때마다 하나씩 쓰다가 한 살 한 살 나이를 먹었다. 지금 뒤돌아본 역사 속에는 칠십 년대 초에는 쌀 한 되가 칠십원 팔십원 할 때도 있었다. 밀가루 한 포대는 백이십원 했었네.

첫아이가 돌도 되기 전에 남편 친구가 십년 만기 백만원짜리 적금식 교육보험에 가입해 달라고 몇 번을 찾아왔다. 백만원이면 논도 몇 마지기 사겠고 우리 아이들 학비에도 보탬이 될 것 같아 먹는 것 입는 것 허리띠 졸라매고 알뜰히 모았는데 십년 후에는 백만원이 경운기 한 대도 사기 힘들 만큼 돈의 값이 없어 억울하고 허무했다.

나이 드신 시어른 모시고 작은 농사에 가계부 수입란은 적을 숫자가 없어 텅텅 비웠는데 지출란에는 백원도 몇 십원도 쓰다 보니 지출란은 모자랄 때가 많았다. 일정한 수입이 있는 집이 얼마나 부러웠는지 모른다.

힘들여 농사를 지어 수입 좋았을 때는 기쁨도 보람도 있었고 어떤 때는 시세 폭락으로 갈아엎었을 때 지출란을 보면 밑천은 이만큼 들었는데 어휴… 한숨도 있고. 그래도 메모란에는 기쁜 일 웃는 일도 일기로 쓰여 있다. 팔십 몇 년도에는 금전 관계로 법원까지 갔는데 삼년간의 가계부를 보여주었더니 검사님인지 판사님인지 우리 가계부에 손을 들어준 덕도 보았다.

우리 애기들 고등학교 졸업 때, 자갈치 시장바닥에 펼쳐놓고 파는 운동화는 단돈 천원. 그래도 제 짝만 잘 고르면 몇 개월은 거뜬히 신을 수 있었다. 어느 해에는 내 옷이라도 하나 사야지 하고 김해 장날 가고 보면 남편 것 먼저 사고 애기들 것 사고 나면 빈주머니가 되어 그냥 돌아온 적도 있었다.

어느 봄 아이들의 소풍날 시장 보러 가서는 김밥거리 재료, 계란 사고 과자, 사이다 한 병 사고 내일 용돈 걱정에 남겨오는 지갑을 야속한 소매치기 하필이면 내 것을 가져갔을까. 하늘이 노랄 때가 있었네. 지금은 추억인지 내 삶의 역사인지도 모르겠다.

아프신 시어머님 아버님 모시고 살면서 다하지 못한 효도의 후회도 있고 친정 부모님께 걱정만 준 딸의 가슴 아픈 사연도 일기장 같은 내 가계부에 있다. 이제는 수입란에 아들 며느리가 준 용돈도 있고 딸 사위가 준 용돈도 있다. 지출란에는 나에게 투자한 제법 큰 액수도 있다. 강산이 몇 번 변하면서 손자들이 하나하나 태어나고 꽃송이처럼 크는 기쁨도 행복도 크고 집안 걱정도 많았네. 집안에 큰일이라도 있어 시장을 다녀오면 사가지고 온 것에 비해 돈이 많이 축났던 것 같은 도적맞은 마음에 차근차근 다시 계산해 본다.

쉰 살이 넘은 우리집 가계부는 내 삶의 흔적이고 역사다. 내 가계부, 그동안 고생도 많았고 보람도 있었다. 이제부터는 즐거운 여백으로 남기를….

|서 평|

물결무늬로 승화시킨 강바닥의 앙금

서태수 | 문학평론가

〈1〉

노인은 인생사 기록의 보물창고다. 이들은 농경시대에 태어나 산업화를 이루고 정보화시대를 거쳐 창조화시대를 살아가는 사람들이다. 인류 역사상 당대에 이렇게도 다양한 사회변화를 경험한 세대는 없었다. 이분들의 이야기 창고에 축적된 농경시대 경험은 이미 우리 시대의 전설이 되어버렸다.

긴 세월, 시간과 공간을 묵히며 곰삭은 사람들은 마음 밑바닥 이야기는 잘 꺼내지 않는다. 그러다가도 주름진 속살 보여도 되는 때와 장소를 만나 실마리를 끄집어 당기면 눈물 콧물 찍어 바르며 허망한 웃음 섞은 긴 밤이 짧아진다. 그 시작의 시공간이 문학 공부 인연이었다. 자의반 타의반으로 동년배의 남녀가 어울린 문화원 문학체험반 수업은 이들의 주름진 다랑논에 도랑을 치고 물꼬 틔워주기를 반복했다. 갈라지고 메마른 논에 물 고이게 하는 일에는 많은 시간이 걸렸다. 가끔은 시나 수필을 쓰도록 숙제를 내어주기도 했다. 처음으로 내밀던 수줍은 글은 첫사랑 맞손 잡는 사건 만큼이나 마음 설레는 순간이었으리라. 때로는 작품의 속사정을 공유하면서 함께 웃고 눈물 흘리는 세월이 흘렀다.

문학은 삶의 정화精華catharsis! 처음에는 평범한 일상의 눈에 보이는 사연만 글로 적던 이들도 문학을 알고 시와 수필의 맛을 느끼기 시작하면서 유유한 물길 밑바닥에 단단히 다져져 있던 앙금 같은 사연들을 일깨워 다시 맑은 물무늬로 그려내려는 자신감이 생기기 시작했다.

필자는 문학 수업 중 서사가 담긴 기성작가의 시편들, 특히 서정주의 『질마재 신화』를 예로 삼아 꽃노년들의 이야기 쓰기를 본격적으로 시도했다. 켜켜이 쟁여 있는 이 사연들을 끄집어내는 작업은 이야기시로 초점을 맞추었다. 이분들에게는 이야기시는 쓰기가 오히려 수월하다. 감동 전달도 직설적이다. 마른 논에 물꼬가 터지자 오래전에 상처가 아물어 흉터로 남아 있던 앙금들을 물무늬로 승화昇華시키고자 꽃노년들이 몽당연필을 다잡기 시작했다.

석전昔田 김옥선 여사가 그 선두에 섰다. 그녀는 이미 서사적 서정으로 수필과 시를 묶어 『그대 숨결은 강물 되어 흐르고』(2014)를 펴낸 경험이 있는 작가다. 석전의 직업은 50년 경력의 농부다. 벼만 아니라 배추, 대파, 고추 등 종목도 제법 다양하다. 농업 노동 사이로 텃밭에 수박 몇 포기 심듯 처음 외출을 한 것이 서예書藝였다. 이미 농업과 서예는 전문가다. 여기에 또 개인적 인연으로 문학이 끼어들어 수필로 등단을 하고 시를 함께 포함한 문집도 묶은 이력이 있다.

이야기 시집 『우리 시대의 전설 '시집살이'』는 석전 시집살이의 자전적 기록이지만 동시대의 많은 여성들이 경험한 사연이다. '시어머니 시집살이'가 '며느리 시집살이'로 희화화되는 세상. 불과 한 시대를 살면서도 '부모 봉양'과 '요양원 임종'의 지극히 먼 거리를 경험하는 세대의 전설 같은 이야기다. 작가가 70여년 삶의 역정에서 제한된 사연만을 추출한 사연으로, 동시대의 많은 여인네들이 공통적으로 겪었던 가정사를 두고 유별난 자기 수고의 부질없는 자랑이 될까 봐 지극히 조심스럽게 드러낸 빙산의 일각이다.

필자와 함께 하는 문학 그룹은 향토성에 많은 초점을 맞추고 있다. 삶의 내밀한 편린을 드러내는 것을 어려워하는 석전에게 '시집살이 이야기는 이제 전설로 남게 되었으니 한 시대의 특정한 사회상을 기록으로 남겨두는 것도 향토문학인의 소명'이라고 설명했다. 사실 이것이 이 시집의 사회적 목적이기도 하다. 그래서 표제도 『우리 시대의 전설 '시집살이'』다.

필자가 독자에게 당부하고자 하는 것은 이 시집의 내용이 '시골 아낙네 김옥선'의 삶에서 매우 고달팠던 한 부분이기는 하지만 그녀의 행복과 불행을 가늠하는 요소가 아니라는 점이다. 즉 시집살이에서 관념적으로 인식하는 고된 며느리의 참상으로 접근하지 말라는 의미다. 지금도 그녀는 심신은 고달팠지만 그때나 지금이나 마땅히 해야 할 일을 했을 뿐이라고 생각한다. 행복이나 불행의 가치 개입 없이 배우고 익힌 그녀의 품성대로 최선을 다한 것이다.

그 단적인 근거로 그녀의 집은 지금도 숱한 지인들이 모여 어울리는 장소로 활용되고 있다. 전통사회에서 사랑채에 식객이 많음은 그 집안의 품격이었다. 그녀는 지역 유지 역할을 담당했던 친정부모님에게서 보고 배운 대로, 시아버지의 인자함과 호탕한 남편의 마당발 품성에 맞추어 평생을 살아왔다. 그리하여 시부모님 병수발 중에도 친인척 대소간의 따뜻한 인정 교류는 물론이려니와 이웃과 지인知人 사회의 사랑방에 대한 역할은 며느리요 아내인 그녀의 몫이었다.

지금은 어느덧 석전도 지역 문화예술계의 마당발이 되어 있다. 그녀의 집은 서예, 문학 등의 문화예술인들은 물론 지역사회의 유수한 인사들의 발길이 머무르는 사랑채 역할이 계속되고 있다. 그녀가 평생 살고 있는 강변마을은 지역개발로 언제 떠나게 될지 모르는 개발예정지다. 그런데도 최근 자녀들이 뜻을 모아 낡은 집을 입식立式 리모델링으로 대대적 수리를 한 것은 나이 든 어머니의 편리한 생활에 더하여 아마 동년배들의 잦은 모임을 고려한 것이 아닌가 싶다. 석전은 전설 같은 고된 삶을 살아온 순종적 촌부村婦이지만, 그녀는 과거도 지금도 주체적 활동을 영위하는 사람이다.

〈2〉

시집 『우리 시대의 전설 '시집살이'』의 구성은 이 시대의 한 여인이 경험할 수 있는 며느리 3대, '친정어머니 – 자신 – 며느리'의 사연을 진솔하게 그리고 있다. 작가를 중심축으로 하면서 친정 부모님과 시댁 부모님의 이야기에 남편의 사연도 곁들이고 며느리의 사연도 포함하고 있다. 남자들의 세계를 삽입한 것은 한 가족의 삶이 며느리만의 독립적 인과로 엮이는 것은 아니기 때문이다. 시집의 세부적 구성은 '본인의 시집살이, 친정어머니, 친정아버지, 남편, 며느리'를 망라하는 총 5부로 하면서 작가 삶의 개요를 담은 〈프롤로그〉와 경제생활 내력을 담은 〈에필로그〉를 수록했다.

제1부 〈여자 팔자 뒤웅박 팔자〉는 이 시집의 핵심 부분으로 김옥선 작가의 직접적 시집살이 사연들이다. 혼사의 중매에서 시작하여 시집 생활 속의 시부모 병구완의 내력을 일부 담고 있는 사연이다. 맨 처음 수록한 「여자 팔자 뒤웅박 팔자」는 시인의 유년과 시집살이의 삶을 압축적으로 제시하고 있다. '여자 팔자 뒤웅박 팔자'라는 속담은 뒤웅박의 끈을 누가 쥐고 있느냐, 어디로 누구에게 시집을 가느냐의 결과에 종속된 여인네 삶의 전형적 표상이다. 석전 자신도 그 운명에 귀속되고 있음을 잘 보여준다.

형님 형님 사촌형님 시집살이 어떱데까

이애 이애 말도 마라 시집살이 개집살이

엄마는 이런 노래로 하소연도 할 수 없는 신세였다. 부잣집 만딸로 태어났지만 까막눈이던 우리 엄마. 천하에 별난 시어머니 우리 할매였다. 맏손녀로 태어나 할매의 젖가슴과 할매 밥상의 쌀밥과 고기반찬을 독차지한 내 어린 눈에도 엄마는 우리집의 상머슴이었다.

농촌 부자 일 부자. 시골 유지로 출입이 잦은 아버지는 농사일은 어정뜨기였다. 산골 대농가 맏며느리인 엄마를 보면서 나는 농촌으로는 시집 안 갈 거라고 굳게 마음먹었다. 아버지 출입 수발에 머슴들과 들판을 헤매다가 집에 와서 밥 짓고 설거지하고 빨래하면서, 청개구리 6남매 억척스럽게 건사하는 우리 엄마처럼 살지 않으리라 다짐했지만….

누가 알았으랴, 막내며느리가 다 찌그러진 초가집에서 시부모님 병수발로 세월 삭힐 줄은.

여자 팔자 뒤웅박 팔자.

–「여자 팔자 뒤웅박 팔자」, 전문

작품 서두에 인용한 구전민요 「시집살이노래」 원문의 전체 내용에는 봉건적 가족 관계 속에서 겪는 며느리의 고난이 구구절절 압축되어 있다. 그러나 석전의 시집살이는 원문의 '남편 하나 미련새요, 자식 하난 우는 새요 나 하나만 썩는 샐세' 정도의 동질성이 있을 뿐 대부분의 생활 양상은 주체적이고 긍정적이었다. 따라서 '시집살이 개집살이'라는 이 과장된 인용은 다만 시집살이에 대한 전통적, 보편적 서정을 드러내기 위한 장치일 뿐이다. 석전 이야기시의 전편을 살펴보면 시어머니 시집살이를 제외하고는 시집살이의 공동 주역인 시아주버니, 시누이, 동서, 첩 등과의 갈등 양상이 전혀 없다. 오히려 시어머니 외 다른 가족, 일가친척, 이웃으로부터 그녀의 헌신적 봉양을 존중받고 있다. 다만 구전민요에서 갓 시집온 며느리의 발언권이 억압된 현실에서 주체적 삶과 행복한 생활을 소망했던 여성 의식이 담겨 있음은 같다. 석전을 정신적으로도 힘들게 한 시어머니의 시집살이는 아래 작품을 통해 전형적 유형으로 드러나고 있다.

> 시집온 지 사나흘, 들판에 나가 늦가을 김장 배추 작업하라신다.(중략)
> 남은 배추까지 다 뽑아내 쟁여놓고 깜깜한 밤중에 들어와 보니 내 밥그릇이 안 보인다. 솥 안에는 농사꾼 어정뜨기 신랑 밥 한 그릇뿐.
> 혹시 아랫목에 있나 이불 밑을 발로 찾아봐도 없다.
> "어무이예, 제 밥은 예?"
> 하고 물어보니 강바람 쌔하게 몰아친다.
> "거기, 살강에 안 있나!"
> 찌그러진 대나무 선반 위의 노란 양푼에 담긴 식은 보리밥.
>
> –「며느리밥풀꽃」, 부분

전설에서 며느리밥풀꽃은 부엌에서 몰래 밥풀때기를 뜯어먹어야 했던 배고픈 며느리의 원한이 서린 대유물이다. 이외에 시누이 등교 시간이나 일가친척 인사법 등에서도 시어머니의 습관적 억압은 수시로 등장한다. 이해가 안 가겠지만 이것이 현실이었고 또 이런 사연을 세상 누구에게도 말을 하지 않는 것이 며느리의 지혜였다. 순종적이었던 작가도 군말 없는 고난의 병수발 끝에 눈을 감으신 시어머니에 대한 섭섭함을 세월이 흐른 후에는 조금 드러낸다.

> 몸이 편찮으셔도 며느리 혼쭐내는 성품은 그대로였다. 성품 깐깐한 어머님께서도 이런저런 짜증으로 얼마나 힘드셨을까만….(중략) 야속하게도 며느리에게는 아무런 말씀도 남기지 않으셨다.
>
> –「시어머님 돌아가시다」, 부분

이 땅의 시어머니들은 왜 그렇게 못됐는가는 이 시집의 관심사가 아니다. 다만 고생의 대명사 같은 '시집살이'가 500년 인습을 넘어 현대까지 이어진 것에 대한 초보적 이해는 필요할 것 같다. 시집살이는 성리학적 봉건사회의 부산물로써 남존여비와 효도 지상의 유교 윤리, 그리고 가난과 조혼 풍습 등 사회적 병폐 속에서 생겨났다고 본다. 그러나 관점을 달리해 보면 시집살이의 당사자는 대부분 여인들 영역이다. 대가족 사회에서 여인들의 고유 영역인 집안 살림살이에 새로운 가족 구성원을 맞이하여 겪는 인간관계의 갈등이 관습적으로 노정되는 통과의례적 요소로 볼 수 있다는 점이다. 특히 고부간 갈등은 아들을 사이에 둔 애정 줄다리기의 변태라고도 할 수 있다. 이런 점에서 대부분의 고부갈등은 특별한 목적의식 없이 당연히 그럴 수 있다는 체념적 관념의 고착현상이 아닌가 싶다.

이 고정관념은 수용 여부에 따라 가정마다, 개인마다 그 차이가 극심했다. 동시대를 살아온 필자의 어릴 적 경험도 그렇다. 며느리들에게 평생 큰목소리 내는 일 없는 시어머니도 보았고, 말끝마다 '년' 자를 붙이거나 빗자루로 후려치는 시어머니도 보았다. 그럼에도 대부분 며느리의 역할은 당연하게 가사에 충실한 주부로서의 삶을 이어온 것이라 본다. 석전도 마찬가지다. 석전이 얼마나 성실하고 긍정적인지를 잘 보여주는 글은 "편찮으신 시아버님 홀로 남으셔도 무서운 시어머니보다 어진 시아버님 모시는 게 다행이라고. 나는 엉뚱한 철부지 며느리가 되어 있었다."(「철부지 며느리」)고 토로하는 부분이다. 석전은 시아버지는 물론 시누이들과의 관계도 매우 우호적이다.

> 날씨가 더워지는 여름이다. 자리 보존하고 계셔도 땀은 흘려 이틀에 한 번은 목욕을 해야 한다. 이제는 안 해 드리면 내가 더 찝찝해서 못 견딘다. 마루청에 발가벗겨 누이고 고추만 수건으로 가려놓고 머리부터 내려가 발바닥까지 씻고 마지막에 사타구니 수건을 벗긴다. 때마침 우르르 병문안 오신 일가친척들. 큰아버지, 사촌 시누이 내외는 얼른 눈을 돌린다. "언니야, 오빠보고 좀 하라고 하지!" "느거 오빠 못한다. 거들지도 못하고 어쩔 줄도 모른다 아이가." (중략)
> "언니야, 올케형님들은 안 거드나. 아이고, 우리 큰아버지를 우짜노."
> "우짜긴 우째. 이왕지사 젖은 몸. 늘 하는 사람이 해야지. 매일 하다 보면 익숙해진다."
>
> –「이왕지사 젖은 몸」, 선문

참으로 전설 같지도 않은 이런 어처구니없는 병수발 상황도 당시로는 가끔 있는 일이었다. 온 동네가 이해하고 수긍하는 봉양 풍속이다. 이웃도 동병상련이다.

> 하루에도 시도 때도 없이 볼일 보시는 어른. 논에 농약 치고 바쁘게 들어오니 아랫채 사는 여수댁 아지매가 흥분한 얼굴로 마당에 얼쩡거린다. 아무도 없는 시간 큰일 크게 보시고는 며늘아기 부르는 소리에 달려가서 치워드렸단다. 오늘 할배 고추도 만져봤다며 호들갑을 떤다.
> 너무나 고맙다. 없는 집에는 아이들이 많아 언제나 부족한 살림. 이날은 저녁밥 넉넉히 지어 커다란 양푼에 수북이 담아 여수댁 큰 노고에 작은 보답을 했다.
>
> –「이웃 아지매」, 부분

이웃까지 동참하는 이러한 상황은 당시로써는 충분히 이해되는 문화였다. 그리고 그 중심에는 며느리 석전의 봉양 효심이 온 이웃에 당연한 사연으로 수용되었기 때문이다. 이런 며느리였기에 맞닥뜨린 시아버지 운명에 홀가분함보다 아쉬움이 앞선다. 그래서 "잘 해 드린 건 하나 없고 잘 드실 때 맛있는 것 못해 드리고. 짜증 내고 원망한 못된 마음 후회해도 소용없는 일들. / 아버님 죄송합니다. 그리고 고맙습니다.(「시아버님 운명하시다」)고 자책한다. 석전의 시아버지에 대한 이러한 애틋함은 돌아가신 후에도 남아 있다. 「새 집을 지으면서」에서는 "시아버님 생각이 간절했다. 아픈 정으로 한나절 같은 10년 세월. 넓은 거실 아버님 방도 드릴 수 있는데. 한 이년만 더 계셨어도 하는 아쉬움이 쌓인다."고 토로한다. 이 모든 것은 처음으로 사돈 문병을 와서 시부모님 병구완 수발에 목불인견이 된 딸의 참상을 두 눈으로 확인하고도 단단히 당부를 하는 친정아버지의 가르침도 한몫했다.

> "너가 비록 막내며느리이긴 하지만 부모는 맏이든 막내든 낳고 키울 때 똑같이 힘들었다. 일단 너가 모시는 네 집에서 병이 났으니 사부인에게 수발했듯이 끝까지 잘 모셔야 된다. 만약 이후 병든 어른 모시면서 안 좋은 소리 들리면 너가 아주 불측해서 그런 줄 알고 다시는 너를 안 볼 테니 힘들어도 끝까지 잘 모시거라."
>
> -「친정아버지 뒷모습」, 부분

이러한 엄명을 해놓고도 집으로 돌아가 식음을 전폐하면서 몇 날 며칠을 앓으면서 사랑채에서 두문불출했다는 아버지의 소문을 석전은 후일에 듣는다. 이 시의 마지막 부분 "제 팔자소관인 것을요. 아버지 원망 않고 잘 살겠습니다."는 어버지에 대한 맏딸의 다짐은 동시에 자신에게도 향하고 있는 것이다.

제2부 〈친정엄마는 상머슴〉과 제3부 〈깔롱쟁이 친정아버지〉는 유년과 성장 시절 친정 부모님을 중심으로 한 이야기다. 작가의 눈에 비친 어머니는 상머슴, 아버지는 깔롱쟁이,

할머니는 만능 여장부였다. 친정의 고부 관계도 만만찮았다.

전통사회에서 형성된 며느리와 관련되는 전래 속담도 많다. 대대로 이어지는 시집살이 유습의 대표적 속담은 '며느리 늙어 시어미 된다' 이다. 같은 여성이면서도 차별적 인식으로는 며느리 시앗과 자기 시앗, 며느리 산통과 딸 산통 등의 차별 속담이 있다. 가정 경제와 관련된 속담도 있다. 「친정엄마는 상머슴」에서 "일 잘하는 며느리 보면 '빈 집에 소 들어왔다.' 고 했는데 우리 엄마를 두고 하는 말이다."에서 알 수 있듯이 당시 농가의 주요 수공업은 피륙 생산이었고 생산자는 여인들이었다. 당연히 베 잘 짜는 며느리는 가정 경제 부흥의 디딤돌이었다. 매파는 처녀 베 짜는 소리를 듣고 좋은 며느리감으로 판단기준을 삼기도 했다. 작품을 통해서 당대 여인들의 보편적 생활상을 엿볼 수 있는 부분들을 추출해 보면 다음과 같다.

> 우리 할매 배 매고 배 짜는 선수셨다.(중략) 방 한켠에 언제나 베틀이 놓여 있었다. 낮에는 밭일하고 밤이며 베 짜고 아기 낳은 산모 사흘도 못 쉬고 베틀에 앉아 베 짜는 우리 엄마.
> 시어머님 일하시는데 누워 있을 수 없으셨던 며느리, 우리 엄마.
>
> -「주경야경」

> 떡도 가마니로 하고 조청도 고아서 강정도 쌀 콩 수수 깨 등등 몇 말이다.

말 떼기 두부도 집에서 맷돌에 갈고 끓이고 정월 한 달 내내 손님 수발. 아침에 술 걸러놓고 떡 데우고 콩나물 삶아 오는 손님마다 떡국 끓이고….

–「명절 준비」

명절이 되면 우리 집에는 빔 옷이 열두 벌이다.
추석빔 열두 벌, 겨울 방학 지나며 설빔 열두 벌을 장만한다.

–「빔 옷 열두 벌」

동지섣달이 되면 온 동네가 다듬어 조리고 밤늦도록 똑딱똑딱 악기 소리가 요란했다.
할머니 명주 치마저고리, 아버지 바지저고리, 덧저고리까지 한땀 한 땀 바느질에 아랫방 무명이불 호청, 속통까지 쇠죽솥에 삶아 씻고 풀 먹이고 밟고 두드리고, 이불 꿰매고 머슴 옷도 해 입히고.

–「설맞이 준비」

그믐밤이면 우리 사랑채에 설 쇠려 이웃 동네 손님으로 방 두 개가 비좁다.
밤새 참참이 술상 차리고 설 음식도 중간중간 드시면서 밤샘을 한다. 물도 그릇으로 떠다 나르는 게 감당이 안 되어 물동이에 물그릇 하나 띄워 갖다 놓았다. 날이 밝아오는 첫 새벽 떡국 한 솥 끓여 요즘같이 큰 상도 아니고 겸상으로 열 개도 넘은 상 들고 가고 오고 설거지도 작은 일이 아니었다.

–「사랑채 손님들」

그런데 작가의 할머니는 며느리에 대한 인간적 구박은 없었던 모양이다. 할머니는 바깥에서는 엄마편이었나 보다. 「할매의 며느리 사랑」에는 "울 할매 잘하시는 것도 있다. / 밖에 나가시면 시어머니들 모여서 남들 며느리 흉을 봐도 절대 당신 며느리 흉은 안 하신단다."고 토로한다. 이뿐 아니라 엄마가 새벽부터 머슴들 데리고 일하러 가면 식사 담당은 할머니다. 저녁에 돌아오면 며느리 밥상을 차려주신다. 상전의 밥상차림이다. 그리고 밥상 앞에 보초를 서고 밥을 남기기라도 하면 시에미 해준 밥이라 야단을 친다. 물론 설거지도 할머니 담당이다. 야무지게 일 잘하는 며느리를 편들고 보살피는 특별한 시어머니는 아들에 대한 자존감도 대단하다.

> 우리 학교 무대는 우리 할매 독차지다. 아들이 육성회 회장이라 학교 행사가 있는 아침부터 더 바쁘시다.(중략) 점심시간 바구니 터뜨리기 시합에도, 학부모 손잡고 달리기에도 힘도 부치는 할매가 나선다.
> 아무것도 못 하는 우리 엄마.
>
> –「운동회」, 부분

작가의 아버지는 시골 전형적인 중산층 유지다. 살림도 갖춘 집안에서 서당을 다녔지만 신식으로 몸을 가꿀 줄 아는 남자다. 중요한 농삿일은 함께 힘을 모으는 농부이면서도 학교 육성회장, 농협조합장을 장기간 역임할 만큼 신망도 깊다. 이렇게 시골의 중류층 남편들은 바깥 출입으로 교유를 하고 농삿일에는 어정뜨기 농사꾼이 되기 일쑤였다. 석전의 친정아버지도, 남편도 그런 경향이 짙었다. 그런데 여인들은 또 이런 남정네를 자랑스럽게 생각했다.

> 촌에 농사짓고 사신다면 아무도 안 믿었지. 외출하실 때는 깔롱이 장난이 아니셨다.
> 설 명절 물무늬가 나도록 다듬어 진한 명주 바지저고리, 금단추를 단 마고자에 기지 두루마기, 중절모자, 선글라스까지 쓰고 나가시면 영국 신사 저리 비켜라신다. 양복도 색깔별로 맞춰 놓으시고 구두도 가지가지 세팅도 잘하셨다. 헌 속옷만 입으시던 우리 엄마 그래도 인물 좋은 신사 신랑이 좋으셨나 봐. 둘째 며느리 보는 식장에 진자주색 양복에 빨간 무늬 넥타이 은은한 색안경까지 쓰셨다. 색바랜 사진 속에 나란히 앉은 혼주석 현모양처 옛날 할매 우리 엄마와 멋쟁이 신사 우리 아버지.
>
> -「깔롱쟁이 친정아버지」, 전문

바깥출입이 잦은 남정네들은 가끔 외도로 말썽을 피운다. 「아버지의 연애편지」를 보면 외도 문제로 '아버지와 부부 싸움이 났다. 처음엔 조근조근하시다 육탄전까지 벌어졌다.' 고 하니 작가의 친정어머니도 돌아서서 시앗 눈물만 흘리던 당시로서는 예사로운 아내 성품은 아닌 듯하다. 소위 '잘난 남자' 의 외도가 공공연히 용인되는 시대였다. 이런 남정네를 두고 시댁 식구들은 당연히 남자들의 위상이라고 생각한다.

그런데 이 시에서는 시어머니의 노골적 편들기지만 시누이인 고모는 할머니와 오빠를 나무라며 올케 편을 드는 특별한 관계가 형성되고 있다. 며느리의 위상이 예사롭지 않다.

> 소문이 나고, 급기야 부산에 사시는 작은 고모가 이 산골까지 오셨다. 여동생이라면 꼼짝 못 하시는 그 오라비. 고모 오시자마자 할매부터 야단치신다. "오빠는 행이가 별난 엄마 땜에 고생하고 머슴같이 일하는 것 불쌍하지 않냐."며 올케 편이다.
> "행이야, 우짜노." 하며 운다. 우리 엄마 시누이 손잡고 둘이 한참 울고는 냉전이 서서히 풀어진 것 같았다.
>
> –「시어머니의 편들기」, 전문

이런 아버지도 자식들 연애라면 길길이 뛰는 사고방식에서 벗어나지 못했나 보다. 집안 망하는 짓이라며 작은딸 연애결혼에 결코 반대하던 아버지가 결혼식 날 행방불명이 되어 온 집안을 발칵 뒤집어 놓았다. 그런데 아이러니한 것은 둘째, 셋째, 막내아들 다 연애결혼한다고 며느리감이 인사 오니 웃음 활짝 피우며 환영이다. 무슨 조화인지 이리송한 작가는 '큰딸 중매에 실패하고 연애결혼이 잘 사는 걸 깨달으셨나 보다.' (「중매와 연애」)고 한다. 실상은 시대상의 급변에 적응해가는 인식전환의 과정이다.

전통사회에서 혼사나 장례, 제사 같은 시골 대소사에는 당연히 사람들이 들끓지만 여기에 거지들도 빠지지 않았다. 당시에도 정보는 권력이었다. 대장 거지의 독점적 정보는 관할 지역에서 집집마다 있는 제삿날 기억이 최고급 자산이었다. 당시는 제삿날은 마을 집집마다 젯밥을 고루 나눠먹던 시절이니 알고 찾아오는 거지들에게도 넉넉히 나눠주었다. 특히 제법 살림살이가 넉넉한 마을 유지의 집이라면 소위 '떼거지' 식객에 대한 대접이 소홀하지 않았다. 잔치나 상례 같은 대사를 치를 때는 이들을 위한 특별한 공간을 따로 마련하고 음식을 내다 주었다. 그러다 보면 별난 사건도 생기기 마련이다.

> 밥 얻어먹으러 오는 거지가 비실비실 아무래도 심상찮다. 우리 할매 뜨거운 국물에 밥상 차려주며 "묵어야 산다!"고 야단이다.
> 이튿날 바깥마당 퇴비사에서 죽어 있다. 지서장이 순경 데리고 오더니 연고자 찾는 공고로 삼일이 지나야 초상을 치를 수 있단다. 농협 조합장 하시던 우리 아버지는 자에 없는 삼일장 치르게 되었다. 우리 엄마는 경찰, 면의 유지들, 구경꾼, 거지들까지 밥상 차리고 술상 내가고 복닥 난리가 났다. 큰상주는 지서장, 작은 상주는 조합장이라고 농담을 하면서 공동묘지에 안장을 했다. 저승에서 잘 지내는지 모르겠다.
>
> –「걸뱅이 초상」, 전문

가끔 있는 일이었다. 필자의 집에도 겨울 동안 사랑채에 머물면서 새끼를 꼬아 밥값을 해주던 거지 생각이 난다. 이들 중 어떤 이는 아예 머슴으로 몇 년 눌러앉았다가 새경을 두둑히 받아 자립하기도 하였다.

제4부 〈남편은 어정뜨기 농사꾼〉은 석전의 추억 속 그리움과 회한이 담긴 사연들이다. 친정 아버지가 깔롱쟁이 유지였다면 어정뜨기 농사꾼 남편은 각종 봉사단체에 책임을 맡아 출입을 하던 마당발 호인이었다.

> 아프네, 다리 아프네, 엄살이다. 누구는 안 아프나? 일만 시작하면 다잡는다고 좀 천천히 하잔다. 성질 급한 울 아버지 DNA를 물려받아 부리나케 설친다. 그래도 일머리는 엄마를 닮아 나의 사전에 대충은 없다. 골병이 들어 내일은 드러눕는 일이 있을지라도.
> 그러나 놀기 좋아하는 이 남자. 지나가는 사람 누구 없나 하고 고개를 빼 들고 살피지만, 농사철 이 너른 들판에 개미 새끼 한 마리 안 얼씬거린다. 다행이다.
>
> -「남편은 어정뜨기 농사꾼」, 전문

석전 남편은 남들과 어울려 흥청거리며 놀기 좋아하는 마당발 호인이다. 농삿일에 지친 심신을 이들과 어울리는 봉사활동으로 해소하는 모양이다. 「봉사활동」에 보면 "집안일 하다 좀 늦게 논에 오니 논바닥에 트랙터 세워놓고 이 남자 흔적 없다. 봉사단체 관변단체에 발을 담근, 날고뛰는 단체도 많아 회원에다 회장에다 속을 태우더니 오늘은 몰래 도망갔다. 승용차도 사라진 걸 보니 아마도 남녀 회원들 앞앞이 태워 어디론가 쏘다니고 있겠지."라고 한다. 글에서 은근한 질투심도 드러내다가 '그래도 큰 축제 행사에 까만 양복 갖춰 입고 내빈석에 앉은 모습은 이쁘기도 했다.'고 하니 은근히 자랑스럽게도 여긴다. 천생 당대 한국 여인네들의 보편적 가치관이 드러난다.

살다 보면 소소한 일에도 부부싸움이 생긴다. 문제는 어른들 모시고 사는 입장에서는 이런 일상사도 눈치를 보며 조심해야 한다.

> 살다 보면 좋은 날만 있는 게 아니다. 작은 일에 말싸움이 난다
> 밖으로 목소리 새어 나갈까 봐 이불을 뒤집어쓴다. 큰방에 편찮은 어른이 계시기에 큰소리라도 나면 나 때문에 싸우나 생각하실까 봐서 싸움도 조심스럽다.
> 아이들 혼을 낼 일이 있어도 시아버지 원망에 매질한다고 하실까 봐 어른 눈치가 보인다. 시집살이도 남편한테 따지고 이기고 싶어도 며느리나 엄마는 그도저도 못한다. 어른 앞에서도 큰소리 내는 게 아니고 여자 목소리 담 넘어가면 안 된다는 친정아버지 딸 키우는 철학은 평생 진행 중이다.
>
> –「이불 밑 부부 싸움」, 전문

부부간 크게 싸울 기회는 어른이 안 계시거나 남 없는 곳에서 한판 벌인다. '쌓이고 쌓인 성질 풀 길이 없다.(중략) 어느 날 한낮, 외딴 논에 일 나갔다. 들 한복판이다. 옆에 사람들도 없고 이때다 싶어 싸움을 걸었다.' 고 한다 그런데 며칠 뒤 "느거도 싸우나?"(「들 한복판 부부 싸움」)고 아렛각단 어느 누가 아는체를 한다. 낮말은 새가 듣는 법이다.

아옹다옹 다투면서 정겹게 살던 남편이 졸지에 세상을 떴

다. 그 황망하고 안타까운 마음은 이미 석전이 많은 시와 수필을 통해 구구절절 그리움으로 그려낸 적이 있지만 그렇다고 그 서정이 마를 리야 있겠는가. 〈먼빛으로 있는 그대에게〉 보낸 수많은 서정 중에 상징적 대미를 장식할만한 시를 골라본다.

> 사랑합니다.
> 당신 한세상 고생 많았습니다. 고맙고 감사하다고 한 번도 인사도 못했습니다. 마디마디 못 박힌 손바닥 대물림하기 싫은 가난. 밤도 낮인 양 일하신 당신. 우리 자식들 아버지 당신 덕으로 예쁘게 잘 크고 잘살고 있습니다. 당신 팔순 생일날에 당신을 그리며 이 감사패를 드립니다.
> 철없이 나이만 먹은 당신의 가족 대표
> 김옥선
>
> –「감사패」, 전문

제5부 〈며느리 시대〉는 자손들의 사연으로 석전 70 인생의 해피엔딩에 해당되는 장면이다. 아들과 딸 내외, 그리고 손주들이 등장하면서 석전 인생의 다복한 황혼기를 살짝 보여주고 있다. 친정어머니와 자신의 시집살이는 이미 전설이 되어버린 시대, 석전 집안의 고부 관계는 현대의 어느 집과 마찬가지로 확 바꾸었다.

> 아침밥 챙겨놓고 며느리, 아들 일어나길 기다리다 시아버님 들에 나

가셨다.
어려운 첫날 신혼여행 피로까지 겹쳤으리라.
늦게 일어나신 며느님
"어머님, 어쩝니까. 엄마가 일찍 일어나 절하라 했는데."
긴장해서 새벽 3시에 잠이 깨었다가 재벌잠이 들었단다.
우짜겠노. 괜찮다.

–「며느리 시집 첫날」, 부분

시집살이의 파란만장한 한 생애를 흘러온 시어머니의 "우짜겠노. 괜찮다."는 말 속에 얼마나 많은 감정이 복잡하게 녹아 있는지 며느리들은 알까? 아들 생일도 마찬가지다.

며느리 시집온 첫해 아들 생일이다. 식당에서 점심식사. 사돈네와 시동생네도 왔다. 식사를 하면서 내가 물었다.
"아침에 미역국을 끓여 먹였냐?"
"국은 먹었는데예…."
며느리 대답이 걸작이다. 국 끓이는 데만 정신을 팔다가 밥은 하지 않았다고.

–「아들 생일」, 부분

이게 말이 안 되는 상황이지만 "어쩌랴 웃어야지. 그래도 둘이 손잡고 웃고 다니는 모습이 이쁘기만 하다."고 만족해야 하는 요즘의 시어머니다. 그래도 온 식구 나들이에 각자 앞뒤 차를 타고 "김선희 나와라. 오바오바." "아버님, 김선희 나왔습니다. 오바오바."(「며느리 애교」)라고 애교를 부리며 시아버지와 무선 연락을 하는 며느리다.

「며느리 시대」에는 해종일 농삿일로 지쳐 먹은 저녁상 설거지도 않고 방바닥에 누워서 기력 충전하고 있을 때 손주들 데리고 아들 내외가 온다는 전화에 화들짝 일어난다. 설거지, 방바닥 청소에 바빠진다. 며느리 보기에 흉한 곳은 다 치운다. 손주 기어 다니다 옷에 먼지 묻을까 겁도 난다. 그런데도 남편은 손주 맞이에 입이 귀에 걸린다. 손주는 좋지만 며느리에게는 청소 상태에 눈치가 보인다. 그래도 일손 필요한 농사철에는 슬하의 모든 식솔들이 다 어우러진다.

> 모내기하는 날. 온 집안이 바쁘다.
> 모판 실어내려 아들 혼자 일찌감치 오나 했는데 며느리랑 같이 왔다. 손주는 외할머니 맡기고. 물이 뚝뚝 흐리는 모판을 차에 실어 나르는 둘이 기특하다. 얼굴 벌겋게 땀을 뻘뻘 흘리면서 몸 사리지 않고. 늦게 온 딸 농담이다.
> "엄마! 이 고급 일꾼 이래 쓰도 되나?"
> 약사 며느리도 의사 사위도 농삿일 거든다고 작업복 입고 밀짚모자 쓰고 완전무장이다.
> 농사일은 안 해본 것 같은데 그래도 용감하게 나서는 사위, 며느리가 고맙고 대견하다.
>
> –「모내기」, 전문

긴 생애를 돌이켜 보면 행복보다는 불행했던 사연들이 더 많이 떠오르는 것이 인지상정이다. 그러다가도 과거만이 아니라 현재를 연결지어 생각해 보면 인생이 그리 불행한 것만은 아니었다는 생각을 하게 된다. 마찬가지로 석전이 자신의 삶을 박복하다고 느끼는 부분이 있다면 이는 오롯이 과거의 특정한 상황에 매몰된 순간일 것이다. 노후에 이르러 총체적으로 되짚어 보는 그녀의 삶은 다복한 모습이다. 「전생에 쌓은 복」에서 "아들과 딸에 남녀 손자 여섯이 잘 커 주는 것도 전생에 나라를 구한 은덕이라는 며느리 말"에 "그래그래, 맞다. 맞장구치면서 사위 복, 며느리 복도 전생 덕이라고."한다. 아들, 딸은 물론이려니와 며느리 자랑, 사위 자랑, 손주 자랑도 이어진다. 이런 저런 수많은 사연을 담아 긴 세월 세찬 바람 맞으며 함께 흘러온 낙동강 앞강물처럼, 석전의 황혼도 아름다운 윤슬 조각으로 빛나고 있다.

〈3〉

시집살이는 봉건시대 유물이라는 견해가 일반적이다. 지금은 여권이 신장되어 가정 안에서도 주부의 발언권이 강해진 시대다. 전통 풍속을 지키는 가정에서 시부모를 모시고 출가 이전의 자매들과 동거하고 있는 집이 있다 하더라도, 이미 옛날 그대로의 시집살이를 강요하는 시부모도, 이것을 수용하는 며느리도 없다. 재산분할의 동등은 물론 여자호주제 시대에 시집살이란 더욱 빛바랜 사어死語가 되어 앞 시대의 시집살이를 오늘날의 젊은이들은 실감하지 못한다. 그렇다고 '시집'이 소멸된 것은 아니다. 시부모, 시누이, 시동생 등 시집의 구성원 없이 남편이 존재할 수 없기 때문이다.

인간은 관계하는 동물이며 그 관계의 가장 기초이면서도 가장 농도 짙은 형성이 결혼이다. 부자간은 1촌이지만 부부간은 무촌無寸으로 설정된 것은 혼인 관계 형성의 극과 극을 상징적으로 보여주는 촌수寸數 개념이다. 일심동체도 돌아서면 남이다.

이런 점에서 '시집살이'에 단순히 며느리의 참혹한 고생만 담겨 있는 인습이라고 단정짓는다면 이는 올바른 문화 이해가 아니다. 이미 우리 시대의 전설이 되어버린 시집살이의 난감한 풍속에도 살펴보아야 할 진중한 가치가 스며있다. 결혼이란 출생과 성장이 서로 다른 이질적 남녀의 결합으로 여기에는 크든 작든 당사자, 가족, 가문이 개입된다. 부부 갈등은 물로이려니와 가정사에 불협화음이 없을 수 없다. 새로운 관계 순응을 위한 변증법적 지혜를 선인들은 계녀가誡女歌 등의 내방가사內房歌辭에 상세히 담아 두었다. 친정 어머니가 시집가는 딸에게 준 세 가지 교훈이다. 시집가면 보고도 못 본 체, 듣고도 못 들은 체, 할 말도 하지 말고 삼 년을 지내야 한다고 하였다.

어느 집단이든 새로운 관계 형성에 순치 과정은 필수적이다. 사회적 관계뿐 아니다. 생물학적 결합인 임신의 입덧 현상도 남성의 DNA 수용에 대한 반응양상의 하나다. 새로운 결합에는 작용 반작용의 모순 극복을 위한 변증법적 지혜가 필요하다. 그것이 인습으로만 증폭된 부분이 시집살이다. 이런 측면에서 시집살이 전설은 혼인 관계에서 서로 다른 두 개체의 결합으로 야기되는 각종 모순과 갈등을 이해하고 순응하는 처신의 덕목을 엿볼 수 있는 반면교사反面教師다.

핵가족 시대에 장자든 차자든 아들이든 딸이든 부모 모시기가 쉽지 않다. 오늘날 시집살이 문화가 약화된 것은 인격에 대한 인식 변화이기도 하겠지만, 공리적 타산도 있다. 가족 구성원, 나아가 사돈댁과의 원만한 인간관계 형성의 유익함 때문이다. '사돈집과 변소는 멀어야 한다'는 속담도 있었지만, 변소는 화장실로 바뀌어 실내에 편리하게 자리하였듯 사돈댁도 가까울수록 편안한 세상이다. 친정어머니의 대를 이어 본인의 시집살이를 경험한 석전 집안도 마찬가지다. 멀지 않은 거리의 사돈댁과의 교유에도 거리감이 전혀 없다.

석전은 전문적 시 사냥꾼이 아니다. 여느 여인들과 같이 시골 아낙의 삶을 살면서 농사 틈틈이 서화, 음악, 문학 등의 취미활동으로 살아온 촌부村婦다. 전문가였다면 그의 지난했던 족적을 치밀하고 체계적으로 주제에 맞춰 미적 형상화를 이룩할 수 있었겠지만, 이 시집의 사연들은 개인이 경험하였으되 당대로서는 보편성을 지닌 '한 시대의 이야기'로 그려낸 소박한 작업이다. 그것이 급변하는 한 생애를 거치면서 전설이 되었을 뿐이다.

필자는 서두에서 이 시편들을 두고 '부질없는 자랑이 될까 봐 지극히 조심스럽게 드러낸 빙산의 일각'이라고 했다. 필자의 독려와 격려 속에서도 석전은 수많은 사연들 중 너무 힘들거나 황당한 일들은 글로 남기기를 꺼렸다. 당연한 일이다. 이미 흘려보낸 까마득한 옛이야기들이 자칫 오해를 살 수도 있고 강바닥의 상흔을 드러낼 수도 있는 일이다. 그럼에도 문학 수업 중 '한 시대의 특정한 사회상을 기록으로 남겨두는 것도 향토문학인의 소명'이라는 지속적인 격려에 용기를 낸 것이다.

이미 일흔을 훌쩍 넘긴 그녀의 삶은 과거에 매몰되어 있을 겨를이 없다. 육신의 움직임이 좀 더딜지라도 아직은 농토를 외면할 수 없고, 지역의 문화예술 활동에도 이미 깊이 발을 담그고 있기 때문이다. 이것이 석전의 현재적 행복이다. 당연히 그녀의 자손들도 같은 마음이다.

> 이 동네 제일 좋았던 우리 집도 50년이 넘어서자 온갖 곳이 헐어터진다.
> 자식들이 뭉쳤나 보다. 딸이 깃발을 흔들고 사위 아들 며느리 손주까지 합동으로 집수리공사가 시작되었다. 인테리어 감각이 있는 딸의 진두지휘 아래 저희들 카톡방에서 손주까지 합심한 디자인과 색상으로 몇 달 공사 끝에 고급아파트 같은 새집이 탄생했다. 방과 거실에 각종 침대는 당연하고 식탁도 소파도 입식으로 꾸몄다.

그래도 나의 추억이 서린 옛 모습들은 그대로 보존했다. 여전히 남편은 가족사진 액자 속에서 흐뭇하게 웃고 있다. 지인들 많이 모이는 집인데 이젠 무릎 아프지 않게 현대식 의자에 앉을 수 있게 되었다.

–「이층집 리모델링」, 부분

석전의 첫 문집 『그대 숨결은 강물 되어 흐르고』(2014)의 서평에서 필자는 '농부의 바쁜 생활 속에서도 다양한 문화예술 활동을 하는 다정다감한 칠순 소녀 석전昔田은 참으로 아름다운 인생을 누리는 사람' 이라고 끝을 맺은 적이 있는데 그 평가는 지금도, 또 앞으로도 현재 진행형이 될 것 같다.

우리 시대의 전설
시집살이

인쇄일 2021년 12월 01일
발행일 2021년 12월 05일

지은이 김옥선
펴낸이 박철수
펴낸곳 도서출판 **해암**

등록번호 제325-2001-000007호
주소 부산시 중구 대청로 138번길 9 (대원빌딩 302호)
전화 051)254-2260
팩스 051)246-1895
메일 haeambook@daum.net

ISBN 978-89-6649-218-3 03810

값 12,000원

* 본 도서는 2021년 부산광역시 부산문화재단
(부산문화예술지원사업)으로 지원을 받았습니다.